大夏书系·语文之道

陈志红 / 著

炼就与生成

公开课

华东师范大学出版社

全国百佳图书出版单位

·上海·

目　录

序 言

面朝大海，向阳生长

厦门靠海，珠海近海。

陈老师应该是极爱海的人。她把自己放在与海极近的城市里，放在海一般宽阔与深邃的语文课堂里。

靠海而居，大海的颜色，是生活的颜色，也是语文的颜色。有明亮的阳光、洁白的云帆、蔚蓝的海面、金黄的沙滩，还有不止息的脚步和呼唤。自然，也有猝不及防的风暴、撞击岩石的咆哮、吞噬黑暗的波涛。喜欢大海的波涛汹涌，也喜欢大海的宁静祥和。翻腾与平静，吞吐与停歇，海，很文艺地诠释着生活的内容。语文课堂，也是如此，丰富，灵动，又险象环生。从一片海走向另一片海，就像读过的那几句诗："我坐在海边听海水／追赶着浑圆的落日／我的身后万物生长／我们也在生长。"

读陈老师的书，我听见海的声音，我看见她的成长。

见证这一切的就是这本书，这本有关语文公开课教学的书。初相遇，我很惊讶。敢写公开课教学思考类书的，一般是沉浸课堂多年的、有很多公开课教学实践经验的老教师。陈老师应该不是。她的青春，她的鲜艳，很明确地绽放着。读完才知，有思考的溪流，它的出发就已经是海的模样。就像清晨穿透茂叶的光，陈老师用一路的思索重塑了自己的生命。这些实实在在的语文教学思考与实践，使得陈老师的语文生命自有一层光芒。好的教育让人从本质上得到改善，关乎人生命的成长与发展。陈老师从课中来，回课中去，关注学生的生命，又观照教师的自我专业成长，对语文教育的追求表现出一种强烈的自我生长的主体愿望，让我们强烈地感受到她走向语文教学名师的巨大潜能。陈老师充满活力的语文教学，帮助学生去习得语言文字之美、文学意象意境之美、哲理思辨之美，领略文化意蕴之美，也使得她能较有底气地与更多语文人交流自己的语文思想，去探究语文公开课教学之道与术。我们真不能轻视年轻的课堂，真不能忽略讲台上每一个青春的站立。只要热爱，只要肯思考、敢实践，他们就是蓬勃的豆荚，时刻准备着以云的姿态撞击春天。

读完这本书，我能感受到这种蓬勃！

当然，也引发了我很多回忆，关于公开课的。

比如，大学实习时上的第一节公开课是《看云识天气》，两腿颤颤地站上讲台，课题板书是写了擦又擦了写，下课时红着脸说的却是"同学们好"；比如，第一次参加县优质课评比，都德的小说《最后一课》只教了个开头就匆匆收尾；比如，坐了大半天颠簸的车独自到远方，上了第一节市级公开课；比如，对我提携有加的教研员老师带着我走遍永嘉的山山水水，一节《说"话"》课全县巡讲；比如，那篇史铁生的散文《我与地坛》，读着读着，在场的人都在流泪；比如，和钱梦龙、黄厚江两位语文前辈接力教学《愚公移山》，11月的楠溪江见证了语文人的热忱和情怀；比如，在西安曲江一中参加全国中学诗歌课堂教学研讨会，走上讲台才知道学生竟然没有教材；比如，在云南曲靖，教学《外国诗两首》时，不期而遇的那场暴雨……一课课排列下去，路一般地铺展开来，我站在其中，感受着那些摇摇晃晃的时光，舐舐着每一个刻骨铭心的伤口，再眺望着远方，天地瞬时宽阔了许多。站在今天的码头回望来时路，我们会深有感触，与其说是时间推着我们向前走，不如说是一节节的公开课让我们的语文生命发生撕扯、啮噬、裂变和重组。教师的成长，有很多诱发和助推因素，公开课就是其中极重要之一。虽然，公开课也存有这样那样的问题，但不可否认，回归本意的公开课是教师发展很重要的推进器，是教学研究的有效场。教学是教师自我修炼的过程和体现。一堂课，关乎着教师的阅读积累、思维深度、眼界宽度、应变能力等。相对于常态课，公开课需要更长时间的准备，需要更精心的设计和实践。这个准备的过程，就是教师打磨、蜕变的过程。行走在公开课的压力和动力之间，我们在不断地思考、否定、修正、完善中提升自我，超越自我。如果说，岁月带给人的是丰厚的阅历和智慧，那么，公开课便给了我们教学的追求和信仰。公开课是教师专业成长的阶梯，很多名师，都是通过公开课一点一点地成长起来的。窦桂梅老师说："一定要争取多上公开课。这是你最好的'炼炉'。""要使公开课成为你的生活世界，即便没人听课，也要让自己仿佛是站在公开课的讲台上，让自己教室的门永远向别人敞开。"王君老师经常调侃说"要敢于死在公开课中"，这是她的真心话。课堂波谲云诡，上课本身就是历练，多上公开课会使我们收获弥足珍贵的"瞬间觉悟和瞬间成熟"。

于我，公开课让我对语文、对课堂始终保持着一颗鲜活热烈的心，对自己存有警惕和怀疑，且不荒芜，不寂灭。

公开课如海，生生不息。每一节公开课，都如一股活水清流，让我们的语文思维永不枯竭。

陈老师写下了很多关于语文公开课教学的思考和实践，其中，她对语文、语言和学生角色的相关思考尤其让我受益。上好语文公开课，我们要守住"语文"。对语文教师来说，公开课，或者家常课，都必须是语文课。上好公开课，实质还是为了上好语文课。在这一点上，陈老师是很清醒的。她要大家"把课标和教材作为第一手备课资料"，要细细研读课程标准，就是提醒大家要透彻理解语文的课程特征，把握语文教学规律，从语文学科性质出发，上出实实在在的语文公开课。《义务教育语文课程标准（2022年版）》（下文简称"课程标准"）指出，"语文课程是一门学习国家通用语言文字运用的综合性、实践性课程"。公开课教学，语文教师更要呼应这样的课程性质，如鲍道宏先生所言，教学中应能正确认识课程的"综合性"，竭力去践履课程的"实践性"，把帮助学生"学习语言文字运用"作为自己的首要职责和核心目标。不可否认，公开课具有观摩性和一定的表演性，但我们绝对不能因此丢失语文的成分。当下一些语文公开课走样严重，花哨造作，课件满天飞，活动泛滥，过度强调课堂的形式，导致语文课程的基本价值弱化，语文课程的核心内涵萎缩，公开课不像语文课。好的公开课是在超越，更是在回归。上好语文公开课，我们要守住"语言"。语文课程致力于培养学生的语言文字运用能力，它的任务和目标主要是引导学生了解语言的生成规律，进而掌握、运用语言，并具备学习语言的能力，养成习惯。语文课是"学习语言文字运用"的课程，其前提自然就是了解"语言文字"本身。北京大学王云鹏先生认为，以语言训练为重点，关注学生语言能力的提升，尊重学生的特点和需求，是语文教育的一条正路，既需要深入的理论探索，也需要大量的教学实践。作为文化的承载者，语言文字的魅力是超乎想象的。公开课教学的准备，教师更要在文本语言的揣摩和体味上狠下苦功。陈老师的公开课多是以读为线，紧扣课文、紧扣语言，研讨言辞表达的妙处。散文诗《海燕》的教学，陈老师引导学生从具体的语段和词语中去解读海燕。朱自清的散文名篇《背影》的教学，陈老师引导学生抓住父亲的具体动作来阐述镜头拍摄，朗读相关片段。《湖心亭看雪》一课的教学，更是有大量的恰当的语言训练。比如，替换量词读一读，换"痕""点""芥""粒"为"条""座""艘""个"，以赏量词之奇；比如，颠倒顺序读一读，调换"痕""点""芥""粒"的顺序，以赏视角之奇。可以说，以语言能力训练为核心的语文教育在陈老师的公开课上有着确切的落实，也折射出当下某些公开课只重形式、华而不实的弊病，值得我们深思。上好语文公开课，我们还要"目中有人"。因为带有示范性和观摩性，公开课很容易成为老师既定环节的表演，作为课堂主体的学生则被丢至一旁，遑论平等的、交互式的"交往与对话"以及课堂教学的"生成性"。课堂如海，学生不能只在海滩上眺望，他们必须扬帆起航。好课，要让学习真实发生，要让学生真正成为学习的主体。公开课教学，教师的一切设计和实践，其最终旨归都应是学生的"学"。这方面，陈老师作出了较好的示范，不再赘述。

我们要对每一节公开课负责任。名师上公开课，因有引领作用更要慎重。钱梦龙老师给以"朴素的、艺术的语文课堂"为主题的中国语文报刊协会课堂教学分会 2019 年的年会写过这样一段精要的话，值得我们一读再读："朴素的语文课堂，就是要遵循语文教学自身的规律，杜绝一切外加的花拳绣腿，朴朴素素上语文课，实实在在教会学生读书和作文，切切实实提高学生的综合语文素养；艺术的语文课堂，就是要尊重每一位学生的个体差异，善于引导，巧于点拨，精于激趣，使学生爱上语文课，饶有趣味学语文，真正成为语文学习的自主者。"公开课，体现了教师专业发展的实践视角。对语文公开课的思考，其实就是对语文教学的思考。我们要像陈老师那样，把公开课的收获和缺憾转为积极的思考，转为教育能量和教育资源，把求真务实教语文当作自己的信仰，引导更多的青年教师回归到真实的语文教学状态上来。那样，我们才不孤单，海才成为真正的海。

写到这里，我望向窗外，夜包裹了小镇的一切。黑暗中，仿佛我就是茫茫海上漂浮的浅浅的船只。是陈老师字里行间亮起的灯盏，让我似乎又能闻到大海的气息，听到蔚蓝的呼唤。"我们穿行的城市里 / 已经没有空间的秘密 / 土地已经远遁 / 潜行到更远的深处 / 我们昆虫一样蚁行着 / 望不到地平线"，布罗茨基在诗中写着现实生活的机械和局促。可因为海的召唤，因为语文的眷顾，因为美好课堂的引领，我们的生命有了丰富，有了温度，才能称得上完整。

向陈老师学习。

愿陈老师的语文课美丽如海。

肖培东

自　序

在公开课的磨砺中共生长

提起公开课，会有很多的争议，可能每个人对公开课的价值与意义理解不同，因而会产生诸多分歧。近些年出现了一些对"公开课"的尖锐批评，其中，那些以一种理性的心态探讨公开课的价值与内涵的声音，有着不可低估的积极意义。

公开课 ≠ "表演"课

这些令人深思的批评，特别对精心包装、打造的所谓的"公开课"提出了强烈的质疑。不知从何时起，公开课慢慢被异化了，变成了开课前多次彩排、反复"打磨"、学生多次排练、语言刻意美化、环节花样百出的"表演"课。在这样的公开课上，我们看到的是"群体"智慧——把各个专家的想法择优选取整合成一堂公开课，教师失了"自我"，更丢了"特色"。因为"博采众长"，多次打磨，反复排练，再加上教师多才多艺，整堂课热闹非凡。我们似乎是在看"表演"，教师动作标准、语言优美，教学环节紧凑，学生对答如流，个个表现不凡，公开课成了教师炫技、学生表演的舞台。课后只有一元评价"同声叫好"，可是这样"优美""流畅"的公开课真的好吗？

公开课是一种常规的教研形式，是教师专业成长的台阶。但如果公开课从质朴、平实的教研形式走向繁复的表演形式，公开课便失去了它本身的意义。

公开课最初的意义在于促使教师认真备课，努力探究，积极思考。一个教师，尤其是年轻教师，站稳讲台是教学生涯的第一步。很多学校对刚刚入行的教师都会要求上一节"过关"课，或者叫新教师"验收"课，这样的课都是公开的，面向领导、同事、学生，面向更多的人进行公开授课。课后，听课的教师和上课的教师就这堂公开课进行研讨，肯定好的，指出不足，提出改进建议和希望。在这样的教研氛围中，新教师会很快成长，找到课堂教学的方向。这样的教研是真教研，这样的公开课会成为教师成长的原点。

教师要走向成熟，专业上有所突破，上好每一堂常态课，精心备好每一堂公开课，课后进行反思提升，是课堂教学日渐精进的有力支撑。每一次的常态课是在积累、在思考、在探索、在探寻自己的教学风格，在践行自己认可的教学理念。在进行公开课前，你要独立备课，"裸读"文本，有了个人发现，然后才搜集资料，取舍得当，虚心求教，发挥所长。日积月累，慢慢地，你有了一种"自我生长"的力量，然后在公开课中厚积薄发。

公开课≠"表演"课，公开课中的"动态生成"和"教学机智"才是可看点。公开课应是师生真实水平的体现，执教者将自己的教学理念、教学艺术、教学风格进行公开展示，将课堂中的教学问题、学生问题进行公开思考和探讨，在开放、多元的评价中，深入思考课堂教学。

公开课 = "推门"课

我非常幸运，在我的教学经历里没有上"表演"型公开课的机会，甚至很长一段时间里根本不知道公开课还可以"表演"，因为在我的认知里，公开课仅仅是公开而已，与常态课并没有什么区别。我在福建省厦门双十中学工作时，公开课就是"推门"课，每一位青年教师每年都要经历"推门"课的考验，青年教师技能大赛的获奖者也由此产生。所谓"推门"课，就是所有的课堂都对所有人开放，只要你愿意听，你随时可以推门进去听任何老师的课，你也可能随时被听课。而这种"推门"课，不会提前打招呼，也没有人告诉你谁会来听，可能校长或者其他老师走着走着就走进了你的课堂，所以你的任意一堂常态课都可能会变成一堂公开课，从另一个角度来说，你的每一堂常态课都需要认真准备，才不至于失去"被发现"的机会。

有一次，校长路过我的教室，她转身坐在后门听我的课，紧接着教研组长和一位老教师也来听课了，课上得很失败，课堂零散而随意。课后，他们给我提出了诚恳的建议，我从他们委婉的语气中听出了言外之意，明白了任何一堂课都要精心准备，认真对待。此后，我认真钻研，不断反思我的课堂。再后来，教研员、各校领导、教师、家长都来"推门"听我的课，听着、说着、讨论着，其他学科的老师也来"推门"听课。从他们的评价中，我发现了自己的教学特色——擅长将中国画元素融入语文课堂，凭借对中国画的兴趣，将"画意""色彩""造境"带入文本解读，发现了语文课文的另外一番天地，不断地发现，不断地记录，对语文教学也有了自己的领悟，对公开课"公开"的价值和意义有了更深的理解：公开课让我们不再囿于自己的教学小天地，让我们不狭隘，不偏执，兼容并蓄，海纳百川，让我们的视野更开阔，心胸更宽广……

佐藤学在《静悄悄的革命——课堂改变，学校就会改变》中说道："改变学校的第一步，就是在校内建立所有教师一年一次的、在同事面前上公开课的体制。只有教师间彼此敞开教室的大门，每个教师都作为教育专家而共同构建一种互相促进学习的'合作性同事'（collegiality）关系，学校的改变才有可能。"当我们把公开课定性为一种互相学习，互相促进，相互公开的开放性课堂教研，公开课才具有其本真的研讨意义，正是因为公开课有可以圈圈点点、评评议议的研讨价值，公开课才有其存在和发展的价值。公开课应该是师生生命在场的真实情境再现，应该近乎平时课堂的真实风貌。

公开课 ≈ "常态"课

为什么公开课是约等于、近乎于常态课？既然是公开，上课的教师和学生就不可能如平常一样随意，但也无需"装潢"与"作秀"，只需在平时课堂的基础上教学策略有所改进，教学特色有所体现，教学艺术有所展现。既然公开，那这堂公开课最好能提供一些教学的"亮点""美点""遗憾点""价值点"

供大家研讨，给听课者留下思考和探究的空间。基于这些考虑，公开课略不同于常态课，可以说是常态课的"升级版"。你多次把常态课当成公开课来上，你的公开课水准自然不会低，你的公开课上得好，你的常态课也不会差，公开课与常态课是相辅相成的。

我们提倡公开课的"平实"之美，一堂公开课不妨精心设计，但又要浑然天成，有如行云流水般自然。教师的精心准备，使得公开课的教学内容、结构、环节经得起推敲，成为一堂有含量、有灵魂、有底气、有思考的课。这样的公开课展现出教师独特的教学风格和教学艺术，即使难免有缺憾，这种缺憾也会是教师不断修炼和磨练自己的阶梯。

我的第一次公开课——成长的修炼。我上的第一次公开课是《竹影》，为了上好这堂新教师"过关"课，我查阅了很多的论文、教材解析、名师备课手记、优秀教案，甚至把丰子恺的画和文章都稍做了一些研究，因为课文中涉及中国画与西洋画的区别，我自己动笔画了中国画，让学生与西洋画进行对比，顺势与学生的课外活动有了对接，让课堂有了延伸——发现生活中的美。这堂公开课很成功，从听课老师们的点评中，我对课堂教学有了新的领悟：导入要直入主题，语文与生活紧密相连，发挥所长，专心修炼，就有可能形成自己的教学风格。

我的转折性公开课——成长的磨炼。《背影》这堂"推门"课可以说是具有转折意义的公开课。我用"色彩"和"电影镜头"解读文本，构建课堂，引起很大反响，以至于厦门的一些老师要开《背影》的公开课，经常会向我询问当时的教学设计，也因为这一课，我被推荐参加厦门市教师技能大赛。公开课和赛课的经历让我重新审视语文课堂，对如何备学生、备教材，如何发现文本的切入点，如何创新教学设计有了更深入的思考，并把这些思考变成文字，先后写了课堂实录、教学反思、教学论文、教学札记、文本解读。我的教学论文《〈背影〉里的色彩》发表在《中学语文教学参考》上，这对我是一个莫大的激励。这节公开课成了我钻研课堂教学的动力和源头，由此我创建自己的教研资料库，构建教学研究链。上完公开课并不意味着结束，而是刚刚开始，那是与自己的较量，也是成长的磨炼，每次公开课都是一次涅槃重生。

佐藤学说，促进教师成长的最强烈的动机作用，就是教师对于自身实践的"省察"与"反思"。深耕"常态"课，在公开课中锤炼与提升，我把自己在公开课实践中的"省察"和"反思"写进了这本书里，启发青年教师共同思考，以此作为青年教师成长的原点。这本书从"课标理念""教材教法""学情分析""文本解读""课堂取舍""选点切入""教学设计""导入艺术""问题设计""活动策划""语言表达""情境创设"分章归类，提取策略。不敢说会带来多少启迪，只能说我们一起努力思考如何上一堂好的语文公开课。

公开课 = "共生"课

在一次次的公开课实践里不断地磨炼自己，你会发现这是一条自我觉醒的成长之路，是一段自我发现、自我探索、自我赋能的生命旅程。你还会发现"会生长的语文课堂"，在公开课深厚的土壤中，慢慢地"长"成了你自己。具有个性化的教学风格应该成为教师的自觉追求，成为公开课的生命线，在不断地磨砺中你也应有"风格即人""我即语文"的勇气。同时你也会发现，公开课是"共生"的课堂，教师在公开课的磨砺中"磨"出了底气，学生"磨"出了思维，同行"磨"出了思想的火花。张文质老师说，我们要走很远的路，才能遇上一起出发的人。最终你发现在这样"共生"的时空里，公开课是一种遇见，我们不断地努力，是为了与更好的人相遇。如果你读到这本书，你很快就会发现在每一章的教学实践部分，包含了公开课的"教学设计""教学反思""现场观课""名师点评"。"教学设计"和"教学反思"让我遇见了更好的自己；"现场观课"让我遇见了我的引路人、我的师长、我的同路人；"名师点评"是在大夏书系李永梅社长的鼓励下，让我与名师有了美好的精神际会，张文质、肖培东、袁卫星、夏昆、罗晓晖、钟杰、王木春，是我喜爱的魅力之师，他们在百忙之中为我的这本书写下温暖的文字，他们的鼓励会激励我继续前行，不断成长。与一群优秀的人同行走，共生长，竹子拔节，鹰之重生并非遥不可及。

我一定是磨砺出了一些美好的品质，才会遇见张文质老师。"从写一篇文章到出一本书"，张文质老师从我写的一篇文章，看到了我有写一本书的潜质。当我写完那篇文章时，我的那本书连影子都没有，可是张文质老师却非常肯定我能出书，这是一种向上的召唤的力量，我的生命被唤醒，我的精神受到激励。感谢文质老师让我有了"自我觉醒和写作的勇气"，让我从一个倾听者到一个行动者，让我真的写出了自己的第一本书。

陈志红

第一章

宏观涉猎，
微观设计

第一节

教学思考与理念阐释

 主 题 一

课标和教材是第一手资料

特级教师于永正说："我从来不拒绝上公开课，因为公开课是锻炼自己的好机会。"王君老师说："要敢于死在公开课中。"公开课是年轻教师成长的重要一步，这一步从独立备课开始，独立备课从研读课标和钻研教材开始。"凡事预则立，不预则废"，老师们对新课程理念、教学目标、内容和过程深思熟虑、了然于胸，才能把公开课讲得生动活泼、妙趣横生。

课程标准提出的课程理念和目标对教学具有指导作用，教材是课程标准精神的体现，是课程标准的具体化。所以，我们要把课标和教材作为第一手备课资料。

一、研读课标

南宋学者陈善说："读书须知出入法。"这句用来评说教学备课也非常贴切，认真、细致地研读新课程标准，在新课程理念的指导下备课才是有的放矢。读懂、读透课程标准，把课程标准落实到教学中，而且用得恰当、用得通透、用得有效，这就是"入乎其内，出乎其外"了。

那应当如何研读课程标准呢？

（一）读出"内涵"，入乎其内

2022年版语文课程标准规定了语文学科的性质、目标、内容框架；提出了指导性的教学原则和评价建议；规定了不同阶段学生在语文学科核心素养方面所应达到的基本要求。

在研读的过程中要慢慢地理出眉目。首先，要读"课程理念"，注意"课程理念"中提出的五个理念："立足学生核心素养发展""构建语文学习任务群""加强课程内容整合""促进学习方式变革""重视评价的导向作用"，五大理念指明了语文教学改革的方向和实施的途径。其次，要读"课程目标"，明确核心素养内涵，即"文化自信""语言运用""思维能力""审美创造"，教学目标是一个整体，需协调发展，对各学段的目标要熟记，这样才有利于教学实施。课程标准对语文教学的识字与写字、阅读与鉴赏、表达与交流、梳理与探究提出了具体的目标，这些目标对教学有直接的指导作用。此外，研读课程标准，不难发现，确定教学目标要有从宏观到微观的意识，这就是余文森教授所提出的，从学段目标—单元目标—课时目标"三位一体"、整体考虑每一节课，具体到每一节课就要细化到课程定位、单元定位、篇章定位、选点定位。这种在新课程理念下的备课才是教学过程中的精心预设，才能体现教师对课程内容把握的主动性、灵活性和创造性。再次，要读"实施建议"，这些建议都是征询一线教师的实践所得，我们听从了建议会少走弯路。比如，我们读到"多角度的阅读"，就不会"统一言论"，压制学生的个性发言，而是引导、激发、熏陶、培育，为学生提供表达和交流的机会。我们知道语文学习情境源于生活，写作教学强调真情实感、力求创意，我们便会创设情境，鼓励学生乐于表达，增加生活体验，多一些创意和灵感。读到评价的多元性，我们会注重教师评价、学生自我评价及生生评价多种评价方式相结合。最后，还要读"课程资源开发与利用"，对丰富课程资源会有新的思考方向。

（二）读出"外延"，出乎其外

重庆市九龙坡区教师进修学院陈远霞老师指出，语文素养的"外延"有以下六方面：必要的语文知识、丰富的语料积累、熟练的语言技能、良好的学习习惯、深厚的文化素养、高雅的言谈举止。

这六大方面较为全面地解读了语文课程标准提出的各项技能和需要培养的素养。但这六点看似容易，其实不易。其要点就是紧扣语文课程的核心目标：语用、交际、动态，而言语的活力和生命力使得语文的学习不能仅仅局限于课堂之内，要坚持在语文课程的实施中正确把握语文学科的人文性、实践性和综合性，进一步突出语文课程的核心目标——学习祖国语言文字的运用。这就要求语文学习不应仅停留在语文课堂，局限于学校，禁锢于"语"和"文"，还必须打破课堂内外、学校内外、语文学科与其他学科之间的界限，重视阅读和写作体验以及综合性学习。

郑国民教授指出，课程标准注重全面提高学生的整体语文素养，注重提高学生的语文实践能力，积极倡导促进学生主动发展的学习方法，拓宽学习和运用的领域，注重联系生活、跨学科的学习和探究式学习，使学生获得现代社会所需要的终身受用的语文能力。因此，我们在备课时要弄清语文课程标准的编写意图、编排体系，弄清教材与课程标准之间的内在联系，以在备课和教学活动中准确设定教学重点，找准达到课程标准提出的课程目标的落脚点和着力点，有效地实施语文教学，提升学生的语文素养。

读懂课程标准的"外延"，才能出乎其外，富有创造性地教学，才能让学生有语用意识，也有审美情趣、科学态度，领略中华文化的博大精深，吸收人类优秀文化。

二、钻研教材

（一）"超越"与"回归"

我们钻研教材要在课程标准的指导下进行。钻研教材首先要熟练掌握教材的内容，包括教材的编写意图、编排结构、单元设计及目标、篇章定位、课文目标、重点难点等。其次，教师应在钻研教材的基础上广泛阅读有关参考书，精选材料来充实教学内容。

叶圣陶先生有句名言："教材无非是个例子。"我们读教材时，应当先整体阅读，注意单元与单元之间的纵向联系，单篇与单元之间的横向联系，课文与生活之间的交叉联系。我们备课时要"吃透"教材，消化"钻透"教材，把我们教师自身的情感与思想，甚至心灵深处的生命律动，融入对教材的理解当中，再用机智和情感为学生开启智慧之门，如此，教师对教材的钻研就有了对自我的超越。这样有"入"有"出"，有"超越"有"回归"，才能适当创新教学内容，让教材"为我所用"，又不会偏离课程标准和教材内容。

部编语文教材在编排上重视写作教学与阅读教学，注重其与口语交际教学之间的联系，促进读与写、说与写有机结合。比如部编教材八年级上册第二单元的阅读篇目有三篇传记文章，写作专题是"学写传记"，这样的编排体例是读写结合，双线组元。而前一个单元是新闻阅读单元，口语交际是"讲述"，单元与单元之间从说到读到写，一线贯穿，既相互独立，又相互配合。

所以，我们可以这样设计写作专题"学写传记"：结合第二单元的传记阅读篇目说一说传记文章的写作特点——指导学生用思维导图梳理"学写传记"的思路——分组写出人物小传——采访小传人物——以教师示范作品为媒介，提出"三特"和"两聚焦"的修改要求——对学生进行分层指导——学生进行修改。这样的设计是在新课程理念指导下立足单元编排，整合第一单元的新闻采访活动、口语交际《讲述》以及第二单元写作的重点，使说、写联姻。从说到写，是语言能力的迁移，就如潘新和教授在《语文：表现与存在》里所说："说与写的教学结合，有助于提高综合效能。"这样的教学设计基于吃透消化教材，在使用中超越，在超越中回归。

（二）"内联"与"外延"

余映潮认为课文研读要讲究一个"内"字，又要勾连一个"外"字，内外兼通，才能练就研读课文的真功夫。如何练就"内联"与"外延"的真功夫？

1. 素读

文章内部的联系，重在课文语言、手法、细节等与整篇的联系。研读每一篇课文的过程都是教师与作者进行对话的过程。先不看任何参考资料，自己进行素读，读出眉目，读出意蕴，读出自己，然后再对课文进行梳理，列出疑难点，逐一突破。

2. 泛读

带着自己阅读课文时产生的疑惑，广泛搜集相关资料，读教参，读名家名师课例，读相关论文，读对应的文本解读，在更广阔的信息背景中，反复琢磨、深度思考，慢慢品出文本的韵味。比如教学《使至塞上》这首诗时，读了课程标准对诗歌教学的建议；查阅了相关的背景资料，如王维的生平、王维的多重身份；读了叶嘉莹的《古诗词课》一书和蒙曼对王维这首诗的解读。广泛搜集资料后，才确定了这首诗的教学思路。泛读有助于教师进一步理解文本，弥补自身的不足，同时对已储备的知识进行了梳理和整合。

3. 拎读

教材当中的文章都是精心选用，大部分文章都有"牵一发而动全身"的点、线、面。"拎读"就是要"削枝强干""删繁就简"，减少阅读头绪，使文本阅读过程更优化、更有效。一般从文题、文脉、文眼处进行拎读，理清文本的思路，再把文章精要的语言、精准的思想、精妙的构思、精深的情感拎出来，文本阅读起来也就理清头绪了。

4. 细读

孙绍振在《名作细读：微观分析个案研究》中说："把文本潜在的人文精神分析出来是语文教师的艰巨任务，越是伟大作家越是深刻，倾向往往越是隐蔽，有时潜藏在似乎平淡并不见得精彩的字句中。"

文本细读要立足于对文本充分阅读的基础上，对文本的语言、细节、情感的联结及各部分间的联系要充分挖掘，能够以自己的理解作为最终目标，唯有自己细读，才能读出自己独特的情思，设计出的教学设计才别具一格。有了细读，课文外部的延伸有了落脚点和着力点，以文本为基点引出与文本内容相关的知识点，建立文本与生活、社会的联系，课堂上也能实现个体情感与作者情感的共鸣，引导学生慢慢发现语言的深邃，品味文本的奥妙。这样就能成功把握语文能力，成功摆渡学生。

5. 深读

有了前面的"四读"，文本的阅读有了积淀，最后还要对文本进行精深的阅读，即对文本反复进行揣摩和鉴赏，剖析作者遣词用句的良苦用心，揣摩语言的表达力度与美妙情感，进行更深层的研读，悟出文本的真味与深味。同时，教师又要跳出文本，看看作者想什么、怎么写，想想自己教什么、怎么教，经历"入乎其内，出乎其外"的研读过程，这样可以眼见全文，统摄全局，心中有本，胸有成竹。

于漪老师说："教师本身对文本的理解有多深，学生对文本的理解才会有多深。"特级教师黄厚江也说过："阅读教学中很多问题的出现，都与教师对文本缺少深入的解读有着紧密的关联；而许多成功的阅读教学，都是以教师对文本深入、独到的解读为基础的。"

"五读俱全"往往能抓住文本的主旨，鉴赏文本的独到之处，与作者进行心与心的交流，课堂教学才会内外联动，丰富多彩。

（三）"剪裁"与"创新"

语文课程标准指出教师"应创造性地理解和使用教材"。美国的课程专家小威廉·E·多尔认为"课程不再称作是固定的先验的跑道，而是达成个人转变的通道"，其实就是要求教师突破教材，激活教材，超越教材，开发教材。教师要勇于创新，大胆对教材进行"再加工""再创造"，根据"以学定教""以人为本"的新理念对教材适当剪裁，活用创新。

部编版教材给了教师更多的"留白"，教师有了更大的创造空间。在使用教材时，可以根据学情和实际教学情况适当地增加或删减部分内容，以学定教，量体裁衣；立足教材，拓展延伸；聚焦课内，得法课外；创设情境，活动教学；主题设计，对比阅读。这些方法都是"活用"教材。在公开课中，更要开发教材资源，创造性地开展各类活动，让课堂教学"活"起来。在《综合性学习——身边的文化遗产》公开课中，教师结合当地实际，开发利用周边的资源，把骑楼、擂茶等具有当地特色的事物引进课堂，召开"申遗答辩会"，这就是对教材的二次创造，贴近生活实际，课堂教学生动有效。

托尔斯泰说过："艺术作品中最重要的就是要有一个焦点一样的东西，即应该有那么一个集各种光线于一处，从而又发射各种光线的地方。"这就是文章的连接点和纽结点，找到这些"点"，以教材为触发点，进行主题式资源整合，在公开课中也会大放异彩。比如《变色龙》中嘲笑赫留金的小市民，《孔乙己》中嘲笑孔乙己的群众，《藤野先生》中围观枪毙犯人的看客，这些文学作品中的人物形象都有其共性。探析人物群体以分析国民的弱点，揭露国民的精神顽疾，这种触类旁通式的资源整合，拓展了《孔乙己》主题的深度和广度，学生探究后，能理解孔乙己是被封建社会迫害之人，也能明白鲁迅写文章的目的：揭示病苦，引起疗救的注意。

群文教学是名师公开课中常见的教学手段。比如王君老师的《刘禹锡的心灵世界探幽——〈陋室铭〉〈爱莲说〉群文教学实录》，她找准两篇文章的共通点——中国文人的心灵世界，巧妙勾连整合，把课堂分为三大部分："蓄势——走进周敦颐的精神世界""探究——走进刘禹锡的心灵深处"以及"感悟——中国知识分子的高尚情怀"。这三个部分汇聚了课堂上富有价值的资源，促使师生深入解读文本，走进中国文人的内心世界。这样的公开课大开大合，视野开阔。年轻教师要在文本解读上下功夫，还要有创新的勇气，方能在课堂教学中游刃有余，使课堂精彩纷呈。

以上讲的是备课的基本步骤和策略，课标和教材是第一手备课资料，备课备得充分，公开课才能上得精彩。苏霍姆林斯基的《给教师的建议》中有一个耳熟能详的故事：一个在学校工作了33年的历史老师，上了一堂非常出色的观摩课。邻校的一位教师问他："你的每一句话都具有巨大的思想威力。请问，你花了多少时间来准备这堂课？"那位老师回答说："这节课我准备了一辈子，而且，一般地说，每堂课我都准备了一辈子。但是，直接针对这个课题的准备，则花了约 15 分钟……"一辈子与 15 分钟，可以说道出了备课的真谛。如果我们的备课能经历尼采说的"精神三变"：先变骆驼听从训练并模仿，再变狮子进行自我创新和改造，最后成为婴儿回到有无限可能的原点，我们的教学就会有一次脱胎换骨、超越自我的蜕变。

学生和学情是第一关键点

要备好一堂课，"备人"是第一关键点。夸美纽斯《大教学论》的前几章都是在讲人，他说，"人是造物中最崇高、最完善、最美好的"，然后才讲到"假如要形成一个人，就必须由教育去形成"。于漪老师说："教育的本质就是培养人，增强人的精神力量。这一教育本质，呼唤着我们的教育必须把学生放在教育的核心位置，以学生为本，对学生的成长负责，从而追求崇高的教育境界。"因而，"真正的教育"是培养人的灵魂，提升人的精神境界。

我们年轻教师一定要一直做到"心中有人"。"心中有学生"我们才会真正地去关注学生，想学生之所想，思学生之所思，疑学生之所疑。我们的课堂应当成为"人与人"之间的对话，"心与心"之间的交流，这样的课堂才会充满活力，充满智慧，充满喜悦，公开课亦是如此。一个教师在教学生涯中要开设很多次公开课，唯有坚持"以人为本"的教育理念才会让教师有不懈的追求，才会如叶澜教授所说"课堂是师生共度的一段生命时光"。

"眼里有人"，心中装着学生，教师才会自始至终把促进学生的全面发展作为教学的落脚点和发力点。一切以"人"为出发点，教师备课必定要"备学情"，首先就要了解、摸清学生的情况。美国著名的教育心理学家奥苏贝尔有一段经典的论述："假如让我把全部教育心理学仅仅归纳为一条原理的话，那么，我将一言以蔽之：影响学习的惟一最重要的因素就是学生已经知道了什么，要探明这一点，并应据此进行教学。"可以说这段话道出了"学生原有的知识和经验是教学活动的起点"这样一个教学理念。一堂课"生成"得如何，学情分析非常重要。学情分析分为课前分析、课中捕获、课后分析。

课前分析，即对学生的年龄、心理、兴趣、好奇心、认知水平、个体差异、生活经验、所学内容的了解程度、所具备的技能等学情，教师要通过某种方式去获得。我们可以通过访谈、案例分析、调查问卷、预习作业、测试等方法分析学情。学情分析是持续的，不是暂时的，所以课后的教学反思是学情分析的延续。学情分析分为表层和深层的研究，课后分析可以更深入地研究学情，是引起教学行为发生改变乃至改进的重要因素。

我们重点探讨公开课如何进行学情分析，因为公开课有两种情况，一种是给自己的学生上课，还有一种是给素未谋面的学生上课。学情分析是动态的，给自己的学生上课，学情分析由点到面，由整体到个体，由表层到深层，持续动态分析，不断反思改进教学，才会带来有效教学。给素未谋面的学生上公开课对年轻教师来说是一个挑战，课前可以通过与任教老师交流，对学生进行预习测试、调查问卷、交流谈话等方式简单了解学情，但更多的是通过课堂捕获学情，教师需要有更多的教学机智和更高的敏锐度，很多时候，我们可以用"望、闻、问、切"来捕获动态的学情，调整教学策略。

一、望：从观察到关注

"望"即观察学生的学习状态，用自然观察法分析学生的情况。我们走进一间教室，机敏的老师可能很快就能觉察到这个班的氛围，可以感受到老师与学生的关系、当时的情境、学生的状态和情绪等。课堂上，注意观察学生的神情、眼神、言谈举止，可以大概知晓学生学习上的疑难困惑点、兴趣点。教师要"眼观六路，耳听八方"，通过各种方式了解到学生的情况，根据学情调整教学策略。

我曾经到一所农村学校开设公开课，这个地区比较偏僻，学生基础较弱。

我进到班级时看到学生热情纯朴，他们看到新来的老师很兴奋，朗读声音非常洪亮。课前做了问卷调查，让学生写下对《海燕》这篇课文的疑惑，课前五分钟进行了简单的对话，了解到有位学生画画特别好。所以，我在整堂课中增加了多种形式的朗读，层层推进教学，从观察整体的朗读到关注个体的朗读，进行点评鼓励，学生的眼里放出光芒，显得很激动。在突破"课文里形象的象征含义"的难点时，考虑到学生理解不到位，我在课件中出示了背景资料，在背景里隐藏了课文里出现的"象征内涵"。学生读完背景资料，再用连线的形式把"形象"与"象征内涵"一一对应。这样让"时代背景"适时出现，也给了学生梯子，让他们可以够得着，产生学习上的成就感，教学难题也就迎刃而解了。板书设计上采用师生共绘板书，图文并茂，当一幅"自然风云图"和"社会风云图"出现在黑板上时，学生的理解更深了一层，课堂以朗读结尾，鼓励学生争当"新时代的海燕"，课堂再次达到高潮。

乔丹·彼得森认为："人们的视线总是指向那些他们有兴趣靠近、试探、寻找或者拥有的东西。"这对教学的启示是：无论是教学的设计，还是实施，教师应尽可能地去了解学生的学情，靠近学生的兴趣，并想方设法帮助学生靠近学习目标，获得学习上的成就感。

二、闻：从倾听到对话

"闻"即倾听学生的学习动态，用倾听的方式引领学生，随即展开对话。德国教育家克林伯格认为："在所有的教学之中，进行着最广义的对话。"语文课程标准也指出："语文教学应在师生平等对话的过程中进行。"在教学提问上可以设置开放性的问题，引导学生说出自己的想法。在倾听的过程中，如果学生的想法存在错误或不完善，教师要从中找到突破口，以鼓励、商讨的口气，引导学生说出正确的观点。

在公开课教学中，尤其是借班上课，需要更多的倾听，只有成为学生学习的伙伴，才能很快捕获学生的学习状态，做到"顺势而导"。以下是一堂公开课的师生对话，令人印象深刻。

师： 再读《蒹葭》，想象诗的画意美，用这样的一句话来描绘：读_____一句，我仿佛看到了_____，让我感受到_____。

生： 读"蒹葭苍苍，白露为霜"一句，我仿佛看到了萧瑟的秋风中苇丛起伏，芦花白茫茫一片，让我感受到清冷的氛围。

师： 给了一个非常好的示范，听听其他同学的，其他同学也认真倾听，会有不同的收获。

生： 读"所谓伊人，在水一方"一句，我仿佛看到了一个追求心爱之人的痴人形象，我感受到他"相爱不能相拥""可望而不可即"的忧伤。

师： 你认为"伊人"是情人、恋人？还有其他看法吗？

生： 我也觉得是情人，但我觉得不是忧伤，而是会有种怦然心动的温暖的感觉。

生： 我觉得"伊人"不一定是情人，还可以是美好的事物，我所追求的美好事物尽在眼前，爱而不得，在追寻的路上充满了坎坷。

生： 我觉得"伊人"还可以是"理想"，在追求理想的路上有曲折、有艰难险阻，所以诗中说"道阻且长，道阻且跻，道阻且右"，但是他依然执着向前。

……

师： 你们说得太精彩了，说出了这首诗的画面美和意境美，"伊人"这个意象是虚化的，可以是爱情、际遇、理想等人生常有的境遇。你们"激活"了这首诗的意象，唤起了多方面的人生体验。

在这堂公开课上，刚开始，学生不太敢说，教师提出这个开放式的问题时，课堂是沉默的。教师感受到这种沉默的氛围，没有急于讲解，而是让学生组成四人小组展开讨论，教师走下去倾听互动、捕捉点拨。课堂气氛活跃了，师生之间、生生之间敞开心扉，进行对话交流，开放式的问题与小组分享交流的形式构成了课堂的精彩对话。叶澜教授指出："教师要学会倾听孩子们的每一个问题，每一句话语，善于捕捉每一个孩子身上的思维火花。"这位教师就是从倾听到对话，敏锐捕捉动态的学情，激活学生的思维，实现了多方位的心灵与文本的对话。

东京大学教授佐藤学在《静悄悄的革命——课堂改变，学校就会改变》中提出，教室中的学习是通过与物（对象世界）的对话，与教师、同伴的对话，与自身的对话来实现的。让学生与学生之间，教师与学生之间相互倾听、彼此串联，共同与对象世界对话，将动态的学情转化为有效的教学资源，课堂精彩无限。

三、问：从提问到交流

"问"即提问，包括教师的提问和学生的提问。传统的课堂都是教师问，学生答。课改之后，提倡学生发问，学生能够提出问题是思维的提升。如果是借班上公开课，课前的问卷调查可以设置成让学生针对课文里的疑难进行提问，也可以是学生学习上的疑惑和质疑。通过这样的方式，教师能知晓学生对所学知识的疑难点，提高课堂效率，也能关注个体差异，因材施教。

程翔老师教《荷塘月色》时，带领学生赏析了写景的文字，对于其他段落则鼓励学生提问，师生共同交流。从提问到交流，程翔老师引领学生与文本对话，与作者对话，共同研读课文，学生从被问到会问才是思维的真正提升。当然，这需要教师有扎实的功底和充分的备课，才能在课堂上"对答如流"，要给学生"一碗水"，教师先要有"一片海"。可能年轻老师会担心学生提不出来问题，这种担忧没有必要，学生并不是提不出来问题，首先要相信学生有提问的能力，其次主要看教师如何引导和激发。

教师提问时要关注个体差异，避免优秀学生"客串"整堂课。听公开课的老师一般会关注上课教师课堂上生成的教学机智，如能引发"精彩生成"，便成为公开课的亮点。肖培东老师在深圳上《一棵小桃树》时，特别关注学习能力较弱的学生，并因材施教，采取变通灵活的教学策略。肖培东老师提问："如果只能给小桃树写一个字，你觉得应该是哪个字呢？"学生纷纷表达自己的想法，精彩不断，肖老师却关注到坐在最后一排的一位女生。那位女生怯生生地站起来说："嗯，我没有想好。"肖老师并没有让这个"还没想好"的女孩坐下，他灵活应对，让她就从"我还没想好"这一句当中选择一个字。女孩立马选择了"好"字，回答道："因为小桃树有很多困难，挺过去了，那就是挺好的！"全场掌声雷动，那个女孩眼里充满了光。肖培东老师设计的开放式问题就为学生的思维留有"空白点"，课堂上察言观色，用心聆听，从提问到交流，从捕捉到点拨，师生向着"互动深化"的教学目标发展，为学生留下了语文学习的"生发点"和"启发点"。

四、切：从探究到创造

"切"即切中教学的重点难点，动态把握课堂中转瞬即逝的学生信息。对年轻教师来说，开设公开课是教学经验累积的重要途径。教学没有捷径可循，年轻教师难免会对学情的分析和课堂的把握不到位。因此，年轻教师要思于繁、行于简，删繁就简，切中教学的重难点，展开教学，才能在繁杂纷乱中找出教学思路，依据学情及时动态调整教学设计，作出决策，灵活开展教学活动。

如何动态把握课堂中的学生信息，捕捉有效学情资源呢？课堂教学中可以开展小组合作探究，多元互动，让学生都参与到课堂内容的研究、讨论、体验、交流当中来，在这个过程中教师应当作为平等学习中的"首席"，提出讨论的核心问题，明确小组的学习内容，促进组员分工合作。

新课程理念倡导合作探究，我们"切中"课程标准，"切中"单元目标，"切中"教学重难点，"切合"学情来开展小组合作探究才是有效的。比如九年级上册第一单元的任务三"尝试创作"活动，要求学生参照本单元学过的任意一首诗，自己创作一首。这一单元的欣赏和朗诵为学生奠定了诗歌的基础，教学的重点是引导学生结合生活体验，借助意象表达情感。课前通过调查问卷了解到学生的个性化资源，按照朗诵、写作、表达能力的特长均匀搭配组建各个小组，使得个性化资源充分共享，个性化思维转化为整体思维。

公开课上，教师进行"技巧点拨"和"意象解答"，又因为当地刚刚经历了台风，所以教学内容的重点确定为模仿《我看》这首诗，创作一首题为"我看台风"的诗歌。接下来展开小组讨论，把看到的台风前后的景象和感受记录下来，每个小组有记录员（由写作基础较弱的学生记录）、朗读者、创作者。教师到各个小组倾听、捕捉、点拨、探究、发现。最后小组推荐最优秀的一首诗歌展示，由每组的朗读者朗诵。师生共同评价，教师着重升格学生创作的诗歌，给出明确的修改建议。

在小组合作探究的过程中，主题突出，分工明确，全员参与，师生平等和谐交流，教师就更易捕捉到动态的学情。但在这个小组合作探究的过程中，并不是每个人都进行了创作，这就是个体的差异。夸美纽斯在《大教学论》中说："没有选择运用心灵的正当时机，因为他的悟性的根芽离地面还太远，在开始任何专门学习以前，学生的心灵要有准备，使能接受那种学习。"有些学生如果还达不到某种学习的程度，就不要作硬性要求，他倾听、记录他人的创作信息，也会有收获。所以，小组合作探究就如丁恺所说："通过资源的共享就使得一些学生的独特资源被全班同学都享用到，拓展了学生的视野与思维，使学生在不同情境下的认识更具灵活性和全面性。"学生的学情信息多种多样，我们要及时捕捉，分类利用，形成学习共同体，为学生的发展留有"生长点"。

学情信息变化多样，对学情就要持续多次分析，动态地构建"学情地图"是学情分析的必然要求。我们的教学策略随时为学生和学情而"变"，这种改变会促使课堂教学方式的变革，构建更多的新型课程，如佐藤学说的"探究·创造·表现"三个学科学习改革的关键词，及创造更多的"主题·经验·表现"课型。新的教学理念和先进的教学方式会让教师对学情分析做到心中有"谱"，对学生的学习状态做到心中有"数"，对学生的个性差异做到心中有"底"，对教学的动态生成做到心中有对"策"。

第二节

公开课教学设计及评析

教学设计

"社会风云"

——《海燕》公开课教学设计

授课地点：厦门市翔安区新店中学　授课教师：陈志红

教学目标

知识和能力：引导学生通过了解时代背景，从整体上领会课文的深刻内涵，探究海燕等形象的象征意义；了解象征、烘托等表现手法在本文中的运用及其作用；了解比喻、拟人、反复等修辞手法及其作用；初步了解散文诗的体裁特点。

过程和方法：通过多重形式的朗读来加深对课文的理解；以富有创意的活动为载体来引导学生进行自主合作与探究。

情感态度和价值观：学习无产阶级革命先驱者勇敢无畏的革命乐观主义精神。激发学生热爱生活的情感，培养学生勇敢面对生活中的暴风雨的乐观、战斗精神。

教学重点

穿插时代背景，从整体上领会课文的深刻内涵，探究海燕等形象的象征意义。

了解象征、烘托等表现手法在本文中的运用。

（1）加强诵读训练，加入音频、视频朗读。
（2）开展"书写比赛""插图引航""话说时代""课堂演说"等活动式教学。

一、创设情境，谈话导入

师：今天天气如何？如果在天地昏暗、电闪雷鸣的天气里，你们会待在哪里呢？（电脑展示雷电天气的音画）

生：家里。

师：但是有一种鸟却很勇敢地在这样的天气里于浊浪滔天的海面上穿梭、飞舞，它叫——

生：海燕。

师：今天，我们一起来走近它。

二、活动热身，分享交流

（一）书写比赛

（1）"七嘴八舌"提议听写内容。
（2）教师采纳建议听写。
（3）教师出示重点词语，学生"读一读"。

（二）分享交流

（1）作者；（2）体裁；（3）背景；（4）海燕。

三、朗读有声，思考感知

（1）教师配乐范读（背），学生思考。

思考：说说有几个海面场景？出现了哪些形象？

明确：三个海面场景，暴风雨来临前—暴风雨迫近时—暴风雨到来。

（2）学生自由朗读，教师随堂指导。

（3）选段朗读，指示方法。

| 4~6 段 | 11 段 | 13~15 段 |
| （嘲讽） | （自信） | （渴望） |

四、插图引航，品味领悟

（一）插图引航

（1）教师示范画图：海燕、海鸥、雷电、乌云、闪电、海浪、企鹅。

（2）学生自主合作探究。

师：那么请大家以小组为单位进行合作探究，开展活动"插图引航"，大家讨论一下，看看如何举一反三、变一为三,三幅图上该画些什么？可以用文中哪些段落、句子作为依据？

（生开始研读教材，分组讨论。）

师：老师在黑板上画上一些简笔画，当然你们会比老师画得好。(师画"大海""乌云""海燕""海鸥"等形象）画好了，请大家上台进行解说，根据课文，说出你的感悟。

（生分组热烈讨论，动笔画画，然后争着上台演示并进行解说，师相机点拨。）

（二）品味领悟

（1）你读出了一只怎样的海燕？从文中找出依据。

（2）学生自由朗读，教师引导，从文中挑选或自己思考词语，加在题目前组成短语："从文中读出一只_____的海燕"。说说你画出的海燕形象与课文内容相符的特点。（每个人画的形式不一，结合文本自圆其说。）

（3）小组讨论圈点批注，仿句说话。

从_____句中我读到了海燕的高傲。

从_____句中我读到了海燕的勇敢。

从_____句中我读到了海燕的敏感。

（4）参考交流。

①在乌云和大海之间，海燕像黑色的闪电，在高傲地飞翔。

比喻和拟人。"黑色的闪电"准确传神地展现了海燕矫健、勇猛的雄姿；"高傲"赋予海燕以人的性格，用拟人的手法形象地写出了海燕蔑视一切反动势力的精神风貌。

②风紧紧抱起一层层巨浪，恶狠狠地把它们甩到悬崖上，把这些大块的翡翠摔成尘雾和碎末。

拟人。连用"抱""甩""摔"几个动词，还有"恶狠狠"，赋予狂风人的性格和行为，写出了风的猖狂气焰。

③这个敏感的精灵，——它从雷声的震怒里，早就听出了困乏，它深信，乌云遮不住太阳，——是的，遮不住的！

比喻、拟人和反复。"敏感的精灵""从雷声的震怒里，早就听出了困乏"，用比喻和拟人的手法显示了海燕的勇敢和智慧，说明无产阶级革命者的高度的预见性和敏锐的洞察力。"乌云遮不住太阳，——是的，遮不住的！"这句话运用了反复的手法，语气肯定，表达了坚定不移的必胜信念。

五、话说时代，演绎风云

（1）师生完成插图后，教师问：难道高尔基仅仅是在描绘动物世界和自然风云吗？

生：当然不是，他是一个社会活动家，他在演绎社会风云。

（2）PPT展示社会背景，开展活动——猜谜语理解象征的含义，把象征的形象用着重号标出来。

时代背景

20世纪初的俄国在列宁的领导下，一场轰轰烈烈的群众革命运动蓬勃发展起来，而反动的沙皇政府为了维护其反动统治，利用其可利用的帮凶对群众革命运动进行残酷的镇压。反动势力十分的猖獗。在这革命的关键时刻，有一部分人惶恐不安，悲观失望，他们害怕革命损害自己的利益，他们有的是假革命者，有的是恐惧革命的人。也有一部分人，他们勇敢地站在革命的最前沿，同敌人进行不屈不挠的斗争，成为革命运动的先驱者，形成了强大的人民群众革命力量，渴望革命高潮的到来。高尔基预言：革命必将胜利。

（3）注意象征手法运用的特点，把握形象内涵。

明确：作者在文中赞美的是像"海燕"一样的无产阶级战士，鞭挞的是"海鸥""海鸭""企鹅"等形形色色自私、怯懦的不革命者，以及"乌云""狂风"等反革命势力，表现了作者抑恶扬善、爱憎分明的情感态度。

六、课堂演说，体验升华

斗转星移，逝者如水。转瞬间，100多年过去了，高尔基笔下的海燕仍有不朽的生命力。我们也应该与时俱进，让海燕的积极、勇敢、乐观的战斗精神在我们和平幸福的生活中发挥作用。

下面请大家以"暴风雨"为话题讲述自己的故事，谈谈自己在生活中遭遇过怎样的暴风雨，又是如何做新时代的海燕的。

七、共绘板书，图文并茂

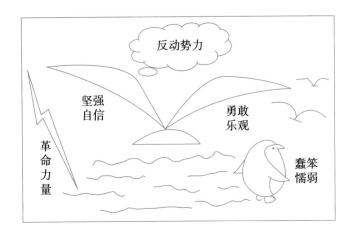

从学生的心灵出发

　　厦门的冬天，温暖明媚。工作的第二个年头，学校派我"送教下乡"，到翔安区新店中学开设公开课。到一个陌生的环境，面对陌生的学生授课，对我这个工作才一年的年轻教师来说是一个挑战。授课内容是高尔基的《海燕》，这是一首散文诗，有很强的"时代感"，对学生来说，还有"距离感"。而且据我的了解，这里的学生基础相对比较薄弱，学生和学情是教学的第一关键点，所以如何设计贴近学生的教学活动，成为我思考的重点。阅读教学的起点应是"学生的心灵"。教学活动、教学方法的设计与采用，一定是要贴近学生的实际，切合学生的感受，符合学生的认知规律。

　　《海燕》这篇文章我在自己的班级也开过公开课，听课的教师都不乏赞美之词。我所在的中学是重点中学，学生的基础比较好，自主学习的能力比较强，所以我采用了学生自读、自学、合作、交流为主的赏析式教学。课堂教学设计为初读、研读、评读、赏读四个环节，使学生在充分感受海燕形象的基础上，读出自己心中的海燕，通过自主学习领悟到海燕、暴风雨等形象的象征意义，结合生活实际和新时代背景，获得生活、人生的启迪。这样自主探究式的教学，如果以同样的方式放在相对薄弱的农村中学，可能会"冷场"，效果会大打折扣。

在上课之前，我从任课老师和班主任那里了解到平时的课堂教学情况，基本是传统的"满堂问""满堂灌"的形式，一堂课在读读课文、写写生字、记记问题的答案中过去。我思索着，从中推断出学生是愿意读的，也是愿意写的，其他的学情就只能靠课堂上的"望""闻""问""切"来捕捉了。为此，我设计了以活动为载体的课堂教学，充分调动学生的感受，让"学的活动"充分展开，将听、说、读、写、思的能力融入到师生活动中，体现在师生对话里，同时运用生活积累调动学生的语文体验。就这堂公开课，我有了以下思考。

一、设计贴近学生实际的活动，走近学生

上公开课那天，厦门突然变得异常寒冷。走进教室后看到学生不断地搓着小手。农村中学的条件很差，冷风从窗户直灌进来，但是学生看见新老师进来，眼睛里闪烁着新奇的目光。课前，我走近他们，与他们随意交谈。这样的交谈效果不错，拉近了与学生的距离，还有意外收获，了解到他们当中有画画特别好的，还有特别喜欢大声读书的。我本来设计的导入语是激情澎湃的，但是考虑到当时的情境，我采用了另外一种导入方式——情境谈话导入。我问学生："如果在天地昏暗、电闪雷鸣的天气里，你们会待在哪里呢？"学生很愿意回答情境性的问题，课堂氛围立刻活跃起来。接下来，用"书写比赛"热身，疏通生字，分组分享交流作者简介、文章背景还有对海燕的初步认识。学生一下子找到了自信，思维开始活跃了，愿意表达了。课堂开展

了一系列活动："朗读有声""插图引航""背景猜谜""话说时代""课堂演说"……这些活动将听、说、读、写融为一体，把学生的探究热情充分调动起来，把学生的探究潜力充分挖掘出来。活动的设计环环相扣，不断深入，使理解象征手法及其运用这样复杂枯燥的教学任务变得简单而又充满了趣味。同时，活动的设计贴近学生的实际情况，给予了学生学习的阶梯，让学生一步步往上攀登，由"教的活动"转向学生"学的活动"，让学习真实地发生。所以，课堂中的活动都应该是为学生的学习而开展的，教师只是引导，只有贴近实际学情，设计学生自己的活动，才能真正走近学生，让课堂活动充分开展。

二、充分调动学生的感受，关注学生

《海燕》是散文诗，对其隐含的象征意义和深刻内涵，需要深入挖掘。叶圣陶先生曾经把"阅读感受"作为教学的重点，这种阅读感受定是要读者与作者的心灵产生共鸣，才会产生共情的效果。文章中众多形象具有特定的社会意义，教师要建立恰当的链接帮助学生了解文章的时代背景、文化背景和作者所表达的情感，这就需要教师充分调动学生的感受和生活体验，进入特定的社会理解特定的时代意义。

备课时，我想起我的老师在教这篇课文时，就是将各种形象的象征含义让我们抄下来、背下来。我用了三天的时间终于背得滚瓜烂熟，考试得了一百分，其实一点也不理解，考完后全然忘却，直到这次公开课，我才认真研读起来。如果只是简单地告诉学生"海燕、海鸥、企鹅、乌云、闪电、海浪"这些形象的象征意义和作者的情感，学生其实是什么都没感知到，没有什么个人的感受，更别提体悟、欣赏了。所以我以读来贯穿整个课堂，把这节课的重点放在学生对各种形象的认识、感受、体悟上，引导学生结合自身的朗读感受生成"个性化"的理解。具体来说，主要通过老师范读，学生听读、齐读、分角色朗读、高声部低声部朗读等这几种朗读形式，让学生把握散文诗的节奏、重音、停顿和感情。同时也运用了课件中的视频材料，进行视频配乐朗读，在读中体悟。在品读海燕形象时，让学生抓住直接描写海燕的句子，提出问题"你读出了一只怎样的海燕"，让学生进行认真的品读、体会。在尊重学生个性的基础上，让学生的认知水平得到充分的提高。通过多读，学生更好地理解了课文，有了初步的感受，但是要让学生对特定的社会环境产生感知效应，还得让"时代背景"适时出现。

在让"时代背景"出现时，我仍然是以活动为载体引导学生探究特定的时代内涵。我用课件出示了背景资料，在背景里隐藏了课文里出现的"象征内涵"，让学生进行"背景猜谜"。学生读完背景资料，兴奋地找到了"谜底"。再让他们用连线的形式把"形象"与"象征内涵"一一对应，这时"时代背景"的出现，不仅有趣味性，也让学生没有了"时代感"和"距离感"，在不知不觉中完成了探究任务。最重要的是让学生和文本的核心建立了情感联结，所以，只有引导学生结合自身的体验，充分调动学生的感受，理解文本的外在与内在，才是真正的"理解"。

三、创设师生互动平台，展示学生

教师在设计问题、活动时，都要充分考虑学生的认知水平和感知能力。学生的感知是一个渐进的过程，只有教师尽最大可能了解学生，相信学生，以生为本，引导学生善于思考、长于表达、乐于展示，才能达到教学的最佳效果。教师创设师生互动平台，做学生心中的对话人，才会产生具有生命力的"活力"课堂。

在"插图引航，品味领悟"的环节中，我让学生找出一系列的形象，并圈出关键词解说形象的内涵。由于学生平时只是被动地记问题答案，导致思维处于凝滞状态。我发起画插图的活动：画出你心中的"自然风云"，不会画也可以用符号代替，但是要结合文本自圆其说。学生兴致勃勃地画了起来。学生每解说一个形象，我便在黑板上用简笔画出这个形象，黑板上出现了"大海""乌云""海燕""海鸥"等形象，画好后，请大家上台进行解说，结合关键词句，说出自己的感悟。学生分组热烈讨论，争着上台演示并进行解说，我相机点拨。我课前了解到一个学生画画很好，在学生的大声推荐中，那个男生走上讲台，补充板书，用简笔画出了"闪电""海浪""暴风雨"。在作小结点评时，我在简笔画上板书出学生解读出的精彩关键词，一幅"社会风云"图就此产生。从"自然风云"到"社会风云"的拾阶而上的过程中，我创设了良好的互动平台，为学生搭建好了向上的阶梯，使得学生得到各个层面的展示。

学生的展示意犹未尽。课堂延伸环节设计的是"课堂演说，体验升华"。我将学生对海燕的领悟与生活实际相结合，激励学生敢于挑战生活中的"暴风雨"，鼓励学生要做生活的强者，勇敢、乐观、自信地面对生活中的"暴风雨"。学生以"暴风雨"为话题讲述自己的故事，讲述自己在生活中遭遇过怎样的暴风雨，又是如何做新时代的海燕的。课堂结尾学生又上了一个台阶：进行思想迁移，获得生活、人生的启迪，也突出了对学生人文素养的培养。

四、提供充分思考的空间，等待学生

整个教学过程中，我都在做学情的观察者，做学生的对话人。我们要时刻谨记，教师是一个平等的对话者、热心的促进者、机智的引导者、热情的鼓励者；教师还是活动的策划者，要减少提问，增加活动，给学生提供充分感知的空间和展示平台，启发学生由接受性学习转向探究性学习。当然，在这堂公开课中，我还有一个更大的启示，那就是更深刻地理解了洪宗礼说的"等他六十秒"，当学生不能完整、正确、深刻地回答时，教师不要急于表态，坚决"等他六十秒"，等待学生，给学生充分思考的时间和空间，尊重个体的差异，使得学生有自我发现、自我认知、自我建构的可能，这才是最动人的课堂风景。

从学生心灵出发，课堂才是师生共度的一段美好的生命旅程。

巧构"音画时尚"，情思如"海燕"飞翔

"教案设计是教师教学功底的显性因子"，一堂课优质与否，跟教学设计息息相关。陈志红老师的《海燕》教学设计，正是其扎实的基本功及个人才华的外在体现。综观本课设计，陈老师带领学生在"音画时尚"里徜徉，助力学生对美的鉴赏与感受，让学生对美的"情"与"思"，有如海燕一般飞翔起来。

一、"音"势利导创情境

《海燕》是一篇耐人寻味的散文诗，含蓄深邃，宜于朗读，适于欣赏。教师在朗读中因势利导，创设情境，学生在朗读中受到思想熏陶和哲理启迪。

认识她的人都知道，陈老师是一个很有亲和力、富有激情的老师，她的朗诵功底强，声情并茂。本课开始，陈老师充满激情的朗读示范，把学生引领进一个特定的富有诗意的场景——乌云密布、波浪翻滚的海面上，让学生初步感知文本，感悟海燕的形象，把学生的学习热情和好奇心充分调动起来。王崧舟说："语文味表现在动情诵读、静心默读的读味上。"一堂好的语文课，靠诵读、品味、感悟来完成，而不是理性的解析，这才是本真的语文、有情味的语文。教师的范读，尤其是有感情的配乐诵读，能构筑一幅鲜活的画面，学生能置身其中，感作者之所感，想作者之所想。文中"海燕"的形象以及作者寄托在海燕身上的情感，在陈老师的召唤和引领下，呼之欲出，鲜明突出。这样的情境创设，能收到事半功倍的效果。

二、学科渗透现诗境

陈老师丰富灵动的课堂设计中，体现了"学生是主体、教师是主导"的核心思想。教师所扮演的角色，是课堂的一分子，正如叶澜老师所说的"师生共同创造课堂"。

在课堂的各个环节中，为了激发学生的兴趣和热情，师生先后开展"书写比赛""插图引航""话说时代""课堂演说"等活动。教师动用了大量生活积累、知识积累和艺术积累，使书法、美术、表演、文学、政治、历史、生物各学科的知识交汇在一起，拓展了课堂空间，加强了教学辐射，组成了一个精彩纷呈的万花筒世界。这一教学设计实现了多层次的知识网络建构，既能丰富学生个体知识的内涵，又能促进语文教学向广处和深处发展。同时，这也是体现教学设计个性化、创造性的一个成功尝试。当然，这些活动的导演是老师，老师是示范者、引领者、参与者，但绝不能越俎代庖，学生才是活动的主体，学生在参与中体验、感受散文诗所构造的诗境魅力，了解海燕这一意象所蕴含的用意和哲思，理解高尔基的态度与情感。每一种方法的渗透，都不是仅仅为了展示教师的个人才能，而是让诗境重现，让学生的情与思飞扬起来，在模仿、参与、思考中，提升自主探究的能力，提高对美的品味与欣赏。这是真诚、本真的语文课堂。

三、课堂生成入佳境

好的课堂不是凝固的"点"式预设，不是"行为性陈述"，而是在教育情境中随着教育过程的展开而自然生成的。《海燕》的课堂设计，巧妙地达成了教学的生成性目标。

陈老师的课堂是一次奇妙的旅行，有欣喜的发现，有挑战的快乐，学生的兴趣点不断被激发、思维活动不断被启迪。一切目标的达成，都是老师的引领和启发的自然生成，陈老师关注的是教学过程而非结果。比如，在"插图引航"活动中，陈老师凭借其扎实的绘画功底描绘出她心中的海燕形象，然后引导学生解读文本、吃透文本，理解海燕、海鸥、海鸭、企鹅、乌云、闪电等形象的意义和作用，让学生为文本绘图，还要他们为自己的插图进行解说，这是带有学生个人色彩和主观理解的作品。同时，陈老师也在不知不觉中完成了对学生的观、听、读、想、画、说等能力的训练，一步步、一环环，引导和生成，渐入佳境。另外，"话说时代""课堂演说"，也是在充分解读文本、深度参与后水到渠成的生成，体现了真语文课堂的匠心，尽量减少了斧痕气。

聆听陈老师的课堂，我们仿佛看到：陈老师就是一个多面手导演，她用灵动、多维的方式，和学生在"海燕"的世界里一起体验、探索、挑战。她勇于在课堂上构筑"音画时尚"，充分调动学生对物象的"感悟之心"，培养、提升学生的审美鉴赏与创造能力。在她的激趣下，学生对美的"情"与"思"，正如那高傲的海燕在波涛汹涌的海面上自由飞翔！

吕叔湘说：教法关键在于"活"字，细想，果如其言。

陈秀珍

福建省厦门双十中学语文教研组长、厦门市优秀教师

极简的目标达到极好的效果

作为一名执教 30 年的初中语文老师，《海燕》这篇文章上过很多次，谈不上有多喜欢，但"让暴风雨来得更猛烈些吧"却成为我遭遇挫折时狂飙突进的呐喊！

陈老师执教的《海燕》，展示的是俄国沙皇时期的社会风云，体现的是无产阶级革命者勇敢、无畏的革命精神。社会背景虽然与当下初中生的生活相去甚远，但老师有必要通过这篇文章让学生认识什么是散文诗，什么是大无畏的革命精神，什么是象征和烘托手法，体会多种修辞手法呈现出来的文采斐然，感受直接抒情带给读者的语言之美！

那么陈老师这节课完成上述诸多任务了吗？一节课当然完不成！这里我就

要特别提醒年轻老师在备课时，可以从战略上进行宏观思考，可以不断升维，但是在具体执教时，一定要根据学情进行战术调整。就陈老师这节课来讲，她在"知识与能力"这个维度预设了四个知识目标点：（1）探究海燕等形象的象征意义；（2）了解象征、烘托等表现手法；（3）了解比喻、拟人、反复等修辞手法；（4）初步了解散文诗的体裁特点。

那么在具体的教学过程中，陈老师做了哪几件事呢？首先是落实语音汉字，这是语文学科的基本功，不论是从考试角度，还是从交流角度来讲，正确地认读及书写课文中的生字都非常必要！陈老师通过书写比赛来听写生字，以赛促练，方法很常规，但很有效，很能激发学生的兴趣，刺激学生的记忆末梢，帮助学生快速掌握。这个方法，年轻老师要多用！还可以指名学生到黑板前听写。

其次是朗读，这篇文章特别适合朗读教学！教师范读，陈老师做了，并且还向学生露了一手，是背诵出来的。这里就特别考验老师的基本功，我承认，我背不下来。老师能够声情并茂地把这篇文章背下来，不仅收获了学生的掌声，还能激发学生的阅读兴趣。除了背诵范读外，陈老师还采用了自由读，以及选段练读的阅读方法，并且还进行了朗读指导。这是一个成熟语文老师独具匠心的做法，值得年轻教师学习。此处若能用角色代入法朗读就更好了！代表海燕的学生，读描写海燕的文字，读出海燕的高傲、勇敢和不屈！代表海鸥、海鸭的学生，读出海鸥和海鸭的胆小、懦弱和妥协！朗读是为了唤起学生对文本内容的共情，也是为了更熟练、更从容地走进文本，与作者展开深度的对话。显然，陈老师的目的是达到了！

接下来，她带着学生通过画插图的方式开展生动有趣的语文活动。将文字转化为画面，本身就是一个再创造的过程，这一点特别值得提倡。年轻老师可以直接把这一招拿到自己的课堂去模仿，至于能不能超越，那就看个人对课堂的悟性。画完简笔画之后，学生对海燕、乌云、海鸥等形象就有了深刻了解，衬托手法也呼之欲出。陈老师在这节课还恰到好处地植入了"仿写"这个考点，顺便让学生刷了一把题，这就是我们常说的"讲练结合"的教学方法。

部编语文教材特别重视综合性的语文活动，仿写是新中考特别喜欢考的考点，这里就凸显出陈老师对知识点与考点的精准把握。但陈老师在课堂教学中，不是机械地训练考试知识点，而是将语用知识置于情境活动中，于无声处渗透知识和情感。

最后是师生结合时代背景进行交流。陈老师向学生展示了时代背景，我相信她课前一定安排了学生预习，学生在背景链接材料中发现了隐藏的秘密，"自然风云"中的事物演变成"社会风云"中的深刻内涵，对象征、烘托手法的作用顺势有了较深的理解。学生有课前的铺垫，有课中的反复渗透，讨论、升华、领悟水到渠成，这些都铸成了课堂的延伸环节——"课堂演说"，学生结合自身的体验演讲，让课堂再现高潮。

整堂课，陈老师既遵循了传统课堂的常规做法，比如听写生字、朗读，又打破传统进行了创新，比如画简笔画、仿写。这无疑是一堂很成功的公开课！

如果一定要注意点什么的话，那么有一个细节可能要稍作调整，那就是知识与能力这个维度目标罗列出来的任务点太多，过程与方法没有全程为它们服务，且操作性不够强，听课者很难量化上课老师是否完成教学目标。

年轻老师一定要谨记：过程与方法必须为知识与能力目标服务！极简的目标才能达到极好的效果！

钟杰

中学语文高级教师、全国优秀教师，深圳市光明中学

第 二 章

深度备课，
适度教学

第一节

教学思考与理念阐释

向文本的深处探寻

王荣生教授说"教什么"比"怎么教"更重要。拿到一篇课文，教师首先要解读文本，而解读文本要见教师的真功夫，语文教师文本解读的功力是教学的第一生产力。无论是公开课还是常态课，对教材的处理建立在文本解读的基础上，向文本的深处探寻，要很好地处理"厚"与"薄"、"俯"与"仰"、"补"与"减"的关系。

一、文本的探寻：在"厚"与"薄"之间

教材是广义上的概念，从狭义上讲，教材指的就是一篇课文。简言之，课文处理就是要考虑"教什么""怎么教""怎么教最好"，用余映潮老师的话讲就是"有技巧地高效地利用课文，充分地角度精致地运用课文中的教学资源"，简洁地说就是要简化、优化、美化教学内容。若要做到这样，教师要把课文读"厚"，在课堂上才能为教学蕴足了底气，才会游刃有余，左右逢源。同时也要从学生的角度出发，把课文读"薄"，选取最有价值的教授给学生，既能解决学生的疑难点，又让学生学得轻松，真能如此，就会出现教师在课堂上厚积薄

发，学生受益匪浅的良好效果。

（一）读"厚"文本

公开课有时会指定课文，有时是根据主题自己选择一篇课文，无论是哪一种方式，我们在阅读课文时，首先要把课文读"厚"、读"宽"、读"深"。拿到一篇课文，教师自己一定要多读几遍，甚至要读几十遍，读出自己的味道来，读出自己的头绪来，读出自己的思路来。

比如《湖心亭看雪》这篇课文，它短小灵动，却意味深长。我们备教这篇课文，读课文内容、课下注释、作者生平、写作背景、字词句意、课后练习、思想内涵等，这只是课文的第一层阅读境界；读疑难点、重要词句的特别含义、作者的经历等，这是课文的第二层阅读境界；读课程标准、教材编排体系、单元目标，站在编排者的角度、作者的角度、学生的角度、教师的角度来读，与编排者、作者、文本、学生、自己对话，读出自己的独特发现，这是课文的第三层阅读境界。我们教师能做到境界三，才算得上细致阅读课文了。

《湖心亭看雪》只有 100 多字，要想讲清楚其深刻内涵，不是那么容易，让学生能读得透彻、明白更不是易事。我在上这节公开课时，反复阅读课文，推敲文字，琢磨疑难点，逐步领悟作者的心境。但这离读出自己独特的发现还很远。于漪老师说："眼睛如果只盯着一本教科书加一本教参，思路打不开，教起来就会捉襟见肘，学起来就会索然无味……"所以，还要做个有心人，用心查阅、搜集相关资料，才能深扎文本，明晰思路，找到教学的切入点。为此，我还读了相关的论文、关于此篇的文本解读、张岱的相关记载、名师课堂实录以及相关的教学设计……100 多字的课文，读着读着，积累了 100 多页的备课资料。

（二）读"薄"文本

把课文读"厚"了，不是最终目的，还得把课文读"薄"，探幽发微，探寻一个切入点和支点，让学生既能寻微而入，又能主动探寻。关于《湖心亭看雪》的课堂教学，我最终将"品味雪后奇景，体味白描手法的运用"作为教学重点，"理解作者的精神世界，感悟张岱超凡脱俗的雅趣和清高孤傲的情怀"作为教学难点，为了突破重难点，以"痴"字为切入口，直抵课文的核心。教学方法采用多角度朗读，让学生自主探究，走进张岱的内心世界，整体感知——读，前后对比——读，替换量词——读，颠倒顺序——读，文画结合——读，读过之后，学生结合文义用自己心中的一个字品读出张岱的心境，这一环节的课堂"生成点"成为课堂的"精彩点"。所以，教师"厚积"才能"薄发"，增强学生的阅读体验，才能增加学生的语文素养。

钱梦龙说过："我备课时最关心的问题，不是自己怎样教，而是学生怎样学——带着什么动机和情绪？以什么态度？用什么方法？"特级教师陈日亮老师曾将如何确定一篇文章的教学内容的经验总结为三问：先问自己为什么要学这一篇课文，再问为什么需要教这一篇课文。最后，你要确定什么不教。尽可能剔除不需要教的，才能把教学内容提炼得很精粹，把任务规定得很集中。两位名师的备课方法，就是把课文读"薄"的最好方法。

二、文本的探寻：在"俯"与"仰"之间

课程改革的一个新观点就是"用教材教，而不是教教材"，顾名思义，就是要创造性地使用教材。语文教师作为一个普通的读者读课文时，可以自然地读，纯粹地读，在素读的状态下，读出自己的真实体验。郑桂华老师说："教师在自然阅读中获得的体验、感受、理解、障碍，以及存在的疑问，这些东西很可能就是学生阅读课文的最初体验，因而也是教师与学生进行有效沟通的媒介。"此外，我们教师要以语文教师的角度俯视文本，高屋建瓴地对文本进行阅读，从高处对教材进行处理，找出并确定课文的核心教学价值点。再从学生的角度仰视文本，感知学生的阅读原点，感受学生阅读的兴趣点和疑难点，感悟学生所需的切入点和支点。

（一）俯视文本

语文教材里的课文大都是编者精心挑选出来的，每一篇课文都有其价值，作为语文老师，如何确定一篇课文的核心价值呢？教材的编写者已经考虑了这篇课文基本的价值点了，那我们教师在阅读教材时要注意阅读单元提示、课前提示、课后练习、探究延伸，从中窥探出这篇课文的教学价值。立足整体俯视课文后，要全面抓住全篇的主要内容，不仅要纵向把握整体内容，还要横向把握，把这篇课文的结构线、主旨线、情感线及"上下纵横，错杂相交""草蛇灰线，伏脉千里"都能挖掘出来，发现课文的疑点、美点、异点、争点、联点、融点，可谓是高低俯仰之间，课文的价值点呼之欲出。

在文本素读、深味、笃思的过程中，获得了文本解读的灵感，教学设计就可以有更高级的创造。比如在上《我爱这土地》公开课时，总感觉诗中的意象读起来是没有美感的，这与之前诗歌的审美风格大不一样。看到汲安庆老师发表在《中学语文教学》上的文章《美学的胜利："不雅"更能抒深情——艾青〈我爱这土地〉中的意象营构》，得到了理论上的印证。"该诗最突出的形式秘妙莫过于以'嘶哑的鸟'和'腐烂的鸟'为核心的独特的意象营构。""嘶哑的鸟""腐烂的鸟"是独特的意象，因为它们太"不雅"，但正是这些"不雅"的意象营构，才让诗人悲痛、深沉的情感抒发得淋漓尽致。借鉴汲安庆老师"嘶哑的鸟"—"腐烂的鸟"—"含泪的我"这一情思脉络，重组文本之后再创新文本，让学生找出并解读"土地""河流""风""黎明"这一组明亮的意象，再设计具有统摄性的问题："嘶哑的鸟"和"腐烂的鸟"这组不雅的意象何以具有更深情的力量？通过对比，学生有了个体的体悟，知晓痛苦和灾难需要人们奋起抗争，才能走向光明，诗人内心的痛苦、仇恨、期盼终究催生出来的是对祖国更深挚的爱。

俯视文本，只是从宏观、中观、微观上进入了教材的"入文之境"，教材的探寻，最重要的还是要进入"入人之境"。

（二）仰视文本

"为了每一位学生的发展"是新课程的核心理念。教师俯视文本之后，还要站在学生的角度仰视文本，以学生的身份和学生的阅读方式，感触学生阅读的"体验点"和"疑难点"，发现学生阅读文本的原点，采用适合学生的学习策略，思考学生需要学什么？学生怎么学才能学得更好些？正如王荣生教授所说，要营造以"学的活动"为基点的课堂教学，使"学的活动"更有结构一点，使学生的学习方式更丰富一点。仰视文本的最终目的是选取最恰当的教学方法、最佳的教学途径、最妙的教学预设，贴近学生所需要的文本解读和教学情境。

学生读《湖心亭看雪》中运用白描手法的写景句，读起来似乎很有感觉，但是鉴赏起来还是说不到点上，这是因为凭借他们的生活经验和语文经验，感受不到课文中作者所传递的生活经验和审美情愫。于是，教师采用了多种形式、多种角度的朗读方法，丰富学生的语文经验，同时，融入美术学科的相关信息，促使学生体味艺术上的白描和文学上的白描的异曲同工之妙。教师不仅用粉笔白描勾画景物，还展示自绘的水墨画，学生诵读写景句，更加直观形象地体味白描手法之妙。教师利用学科融合中的"融合点"，建立学生与"这一篇"课文的联结，帮助学生更好地阅读文本，使学生获得与课文相符合的理解和感受。

再比如《背影》这篇散文，"父子情深"是这篇文章的主题，但仅仅探究到这份父子情感是不够的，学生的阅读体验还只是停留在表面，还没有深入文本的核心。朴实的话语、生活的艰辛和爱难以言说的情形，其实是中国式父子之间的相处常态，父子间的矛盾、对峙、隔阂、深情交织在这一离别的"背影"中。多年后，父亲的来信谈到生离死别时，"我"才幡然领悟，有了真切的感受融入文本中，读起来才凄切动人。而这凄清、炽热、惆怅、悲怆的意境如何让学生领悟并表达出来？在上这节公开课时，教师借助"色彩"让学生完成了文本的个性化解读。下面分享一下课堂片段：

生：我觉得应该用灰色，文中写到"家境惨淡、父亲赋闲、祖母去世、父子双双为之奔丧"。作者此时的心情十分伤感，因此，文章的基调是悲哀的灰色。

生：黑色也可以，奔丧，而且父亲穿着的就是黑布大马褂。

生：我觉得应该用红色，父亲为孩子爬上月台买橘子，我落泪。我们不仅看到了父亲爱孩子，同时孩子也对父亲有深深的爱，两种情感交织在一起，热烈、深沉、感人！

生：我觉得不应该用大红色，用暗红比较符合这篇文章的意境，因为父子的情感交织在一起，就像是两种色彩混合在一起，是难以言喻的暗红色。

生：我认为可以用深蓝色，蓝色是忧郁的，有些伤感但又让人有所希冀。文章开始提到家境很惨淡，让人很伤心，心情必定忧郁，非蓝色形容不可，但是后来父子情深，矛盾缓和，用蓝色最适合了。

生：我认为用暗紫色很好，因为紫色也有伤感的情愫，只是淡淡的忧伤，更多的是父爱的温情。作者穿的是紫毛大衣，而他的父亲穿的只是黑布衣服，两者对比之下父爱更显深沉内敛，让人感动。

生：我认为用夕阳红来渲染分别时的情景很合适，有离别的感伤和无尽的不舍。

仰视文本，找准了学生与文本的联结点，给了学生与文本建立关联的点，课堂便有了精彩的生成点。

三、文本的探寻：在"补"与"减"之间

中国画讲究"留白"和"飞白"，空白之处，未曾着墨却给人以无限的想象，"恰是未曾着墨处，烟波浩渺满目前"说的就是这般给人以无限遐思的妙境。若能探寻文本中的"留白"艺术，悉心寻找文本的缝隙或是研究的缝隙，形成教师独创性的解读，那将是公开课中的精彩之处。文本的"留白"缝隙需要教师采用"补充"和"补白"策略，以增加学生的语文经验。

> 你
>
> 一会看我
>
> 一会看云

我觉得

你看我时很远

你看云时很近

　　这是顾城的一首诗《远和近》，教材中没有给出标题。郭初阳老师在上课时，先是让学生熟读成诵，再让学生依据诗的内容画一个几何图形，然后让学生为这首诗拟一个最有创意的标题。有个学生画了一个三角形，他所在的小组拟的标题是"距离"。

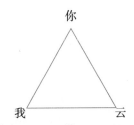

　　郭初阳老师发现教材中的这首诗没有标题这一空白点，让学生补充标题并生成自己个性化的理解，采用这种图形与文字相结合的形式让学生理解诗的字面意思和语义结构，实在很妙！

　　学习到这个"补白"的方法，很多课文都可以借鉴。比如《俗世奇人 泥人张》和《荷花淀》当中都没有对人物进行外貌描写，可以让学生根据文本补充人物的外貌，对人物进行个性化的解读。这样的策略不仅让学生置身课文的情境之中，对文本解读更为深入，还可以唤起学生内心丰富的情感，激发他们的想象力和创造力。

　　有时，为了更深入解读文本，还需要给学生补充生活经验和语文经验。比如朱自清的《背影》，如何解读出从"背影"这个意象开拓出的审美想象空间？老师需要补充一些语文知识和经验，提升学生的语言领悟能力。"望父买橘"那个笨拙甚至有点丑的"背影"何以感人？仅仅抓住几个动词是无法让学生顺利进入父亲和"我"的内心世界的。教师可以补充余秋雨的"情感直觉造型"理论，用文字雕塑一个形象，这一"直觉造型"是情感与文字间的桥梁。朱自清将"背影"这一造型"延宕与放大"，将自己的情感抻长、延长、放慢，这便有了内心炽热、复杂的情绪。这样"补充式"的文本探寻，引领着学生向文本更深处漫溯，教师也在慢慢走向审美的创造。

教师充分调动自我的生命体验，激活自我的审美创造，贴近学生的语文经验，定能探寻文本的文化密码。当然，在探寻文本深度的过程中，要裁剪、删减非语文、非科学、概念化、教条化的文本解读。

课堂教学取舍有度

新课程改革更多注重教师对教材的处理和整合，也更关注学生"学的活动"的充分展开。部编教材新的内容与要求、有限的课时以及学生的语文经验水平构成了矛盾与冲突。很多年轻教师在语文课堂上显得力不从心，费尽心思钻研一篇课文，会发现很多的教学点，于是想毫无保留地将它们"全盘托出"，但效果却不尽如人意；很多公开课看起来教学手段如百花般"绚丽多彩"，教学内容如星辰般"散满夜空"，但在提升学生的语文素养方面却收效甚微。这就存在课堂教学"取"与"舍"的问题，大胆取舍、善于取舍是一种教学智慧，取舍得当是一门教学艺术。课堂教学中的取舍艺术就是新课程改革提倡的"要创造性地使用教材"。古语云"运用之妙，存乎一心"，取舍的关键是在文本解读和立足学情的基础上，对教材内容、教学目标、教学方法进行去粗存精、去伪存真的有效取舍。

深度备课，适度教学，究竟哪些可以取？哪些可以舍？在"取"与"舍"之间要斟酌衡量，不可偏颇。

一、取之有道，舍之有理

一篇语文课文有很多的教学点，尤其是公开课，教师若深挖文本，会发现一节课根本讲不完这些内容，教师准备得越充分，越会想实现更多的教学目标，认为可以提高课堂教学的效率，但往往适得其反。一堂课的时间是有限的，如果面面俱到，反而贪多嚼不烂。"弱水三千，只取一瓢饮"是一种取舍的智慧，教师运用取舍艺术去指导教学行为，首先要考虑教学目标上的取舍，其次要立足学情做减法。

（一）精简目标

教学目标常常被编者预设在文本的"单元提示""预习提示"或课文后面的"思考探究""积累拓展""延伸任务"中，教师在备课时，要细心、用心地整合这些信息，才能够找出切合教材实际与学生认知水平的教学目标。我们知道语文最基本的能力目标是听、说、读、写、思，在此基础上再谈语文素养。一篇课文的教学能让学生或掌握一个知识，或学习一种方法，或提高一种能力，或体验一种情感，或领悟一种人生智慧，已经难能可贵。

我们听余映潮老师的公开课《假如生活欺骗了你》，他的教学目标非常简单也非常明确，诗歌总体的教学目标是以"读"贯之，即以"五读"贯穿整堂课。一读：劝慰的口吻；二读：和缓的语气；三读：抒情的重音；四读：优美的旋律；五读：感情的记忆。学生在"五读"之后，创作与课文相似的诗歌，就是这么简约的教学目标，但一点也不简单，因为主体目标突出，教学内容取舍得当，学生在这节课上琅琅地读，细细地品，静静地写，慢慢地说，深深地思考，真是收获颇丰。

（二）立足学情

年轻老师往往都要经历一个阶段，就是热情高涨，总是想一股脑地把所知道的都告知学生，很多时候只考虑教师"教的活动"，而忽略了学生"学的活动"，实则是忽略了学情。程翔老师也曾提到自己备课时引经据典，上公开课时妙语连珠、口若悬河，充分展示了自己所谓的才华，直到一位老教师问他："引用了这么多材料，学生能消化吗？"这时，程翔老师才恍然大悟：教学，不在于全盘授予，而在于相机引导。我们可以从程翔老师真诚的反思与话语中领悟到：公开课并不是老师的"表演课"。课堂上，最关键的是促使学生的学习行为真正发生。正如著名特级教师于漪老师所说："学生的情况、特点，要努力认识，悉心研究，知之准，识之深，才能教在点子上，教出好效果。"学生语文学习的起点在哪里？学生需要学什么？学生有什么疑惑？根据学情，哪些是教师当讲的，哪些是不需要讲的，只有"眼中有生"，才能进行教学目标、教学内容的合宜取舍。所以，根据学生的实际水平进行取舍是教学的出发点，也是教学的最终归属。

（三）遵循本质

再有，语文课堂要从语文学科的本质出发，对教材的内容进行取舍——取其教材当中的"语文元素"，舍去"非语文"部分。比如教学《绿色蝈蝈》，应当取其生动、富有趣味的语言好好地琢磨，舍掉当中的生物知识；教学《湖心亭看雪》，应取其写景的白描手法和张岱孤高清冷的心境，舍掉明亡后的历史探寻；教学《荷花淀》，可以取其诗意的语言和诗意的写法，舍掉过多的对"荷花淀派"写作风格的追溯。语文课要有"语文味"，这是言语思维的锤炼，是言语生命的提升。

依据教材的编写意图和目标，立足学情，遵循语文学科的本质，取之有道，舍之有理。就在无数的"一瓢"中，努力获得语文知识体系的层叠架构，语文能力的螺旋提升，语文方法的日趋丰富。

二、取之有度，舍之有据

王荣生说："一堂好课的最低标准是要有适宜的语文教学内容。"在语文教学过程中，教材内容并不等于教学内容，教材内容只有经过教师的合理取舍、优化选择，才能称之为教学内容。孙绍振先生曾说："在语文课堂上重复学生一望而知的东西，我在学生时代对之就十分厌恶。从那时我就立志，有朝一日，我当语文老师一定要讲出学生感觉到又读不出来，或者以为是一望而知，其实是一无所知的东西来。"语文课堂教学中"舍什么"？学生读得懂的，舍去；学生通过自读就能理解的，舍去；学生已经储备过的，舍去。那"取"什么？取学生理解不了的，揣摩不出的，领悟不到的，思考不全的。

（一）依文本取舍材料

教学《湖心亭看雪》，涉及时代背景、作者介绍、文言字词梳理、景物写作特点、作者的心境与情感等，一堂课就 40~45 分钟，如果面面俱到，反而会淹没重难点。这篇文言文是自读课文，结合课下注释，梳通文意并不难，对"崇祯五年"这一时代背景要"取之有度"。我们都知道"知人论世"，一篇课文作者的身世、经历、时代背景等对讲解作者的心境和情感都很有帮助，但是教师在备课时全面掌握"作者身世""时代背景"等资料，做到"胸中有丘壑"后，对这些资料要进行筛选、剪裁、取舍，就文本本身而解读"背景"，再用精剪的"背景"解读文本。在学生读到"崇祯五年十二月""金陵人"这些词句时，教师可以作精要的解说："作者是明朝人，明亡后隐居，'金陵'是明都城。"此时呈现"背景"，对解读作者的国之"痴情"非常恰当。

又比如教学说明文，说明语言具有科学性、趣味性、准备性、生动性，一堂课的知识讲解有限，只能研究一个方面，可以根据文本特点取舍适宜的教学内容展开教学。比如《大自然的语言》这篇课文语言生动，我们就确定学习的重点为"说明语言的生动性"，做到一课一得即可。

时代背景、语言风格、作者简介等，这些根据文本内容进行取舍，最重要的标准是看增减的材料是否为中心目标服务。

（二）据"切入点"整合资源

教学内容的取舍力求抓住最主要的内容，突出最精华的部分，以点带面，在驾驭文本的基础上大胆取舍，删繁就简，精心筛选嚼之有价值的章节，品之有韵味的片段，"取"精妙之点，"舍"零碎之处，整合资源，巧妙设计，成就精致而简约的语文课堂。

语文公开课最简约的做法就是选取教学"切入点"，若能找到课文当中的一个"价值点"，串起整堂课，以点带面，以一"点"串起相关的"要点"，再加以整合，最大限度地把课堂上有限的时间花在这些"要点"的刀刃上，这堂课的效果会如美酒一般醇厚绵长。

最近听了三个老师上的"同课异构"公开课，选取的是鲁迅的《孔乙己》。前两个老师带领学生了解作者、作品，浏览字词，疏通文义，概括情节，分析人物的语言、肖像、动作等描写，再分析孔乙己的性格，最后讨论造成孔乙己悲剧命运的原因，以及作者刻画这一人物形象的意义，零零散散的，东讲西讲的，一堂公开课就过去了。第三个老师找到了一个教学"切入点"，酒客的几次嘲笑，孔乙己的几次争辩，通过看客心理和孔乙己的镜像观察，将一连串的要点像穿珍珠一样串联整堂课，又犹如画画一般绘其主干，去其枝叶，由浅入深，启发学生认识作品的价值所在，作者的匠心所在。

余映潮老师用 18 天时间，写出了 18 篇角度各异的赏析《孔乙己》的短文。余老师的公开课，无一不是艰苦地精读教材、精读有关文献的结果，名师都是这样上课"上"出来的。当占有大量的文本资料时，对课文内容的取舍便更能体现勇气和智慧。余老师在《孔乙己》里选取的教学点非常多，如可以从人物形象的各种对比中切入，又如用"一字立骨"式进行选点，聚焦"偷""笑""酒"等字，这些都是很好的切入点。年轻老师不妨多研读名师课例，站在巨人的肩膀上，选取恰当的切入点和教学点，深入文本内涵，以一点深耕文本的一片田地，提炼、取舍、整合教学资源。

（三）就"深浅"取舍有度

语文课堂若抓住着力点，找准突破点，剪裁教学内容，取舍有度，会使得教学内容简约而有深度。贪多求全，不但难以深入解读文本，反而会在重点、难点部分"蜻蜓点水""雁过无痕"。我们在作取舍时，应"舍"文本内容单薄之所在，"取"其意味深厚之章节，正如于漪老师所说："我建议教师们要解放思想，大胆取舍，在驾驭文本的基础上，一定要'有所为，有所不为'。一旦决定'有所为'，就必须要'为'得扎扎实实，一定要让学生记忆深刻，学有所得。"

入选教材的文章必然是好的，但也未必处处皆珠玑，我们应舍弃一目了然、学生一看即会、自学就能处理的内容。像《荷花淀》这篇小说的情节在阅读提示中都有说明，课堂上就大胆舍去，在小说诗意的环境、诗意的语言、诗化的形象上要下足功夫，而且诗意的环境与诗化的形象之间的关联也要阐释清楚。为了让学生深度思考，可以提出具有思考性和探究性的问题：作者描绘诗意的环境，省去人物外貌描写，有何深意？学生经过深入探究，领悟到淡化人物是为了使其整体融入作品纯美的诗情画意当中，这些人物代表的是一个群体、一类人。为了让这节公开课学有所得，让学生模仿《荷花淀》诗意的语言给人物写颁奖词，这堂课所"取"的内容很精致，围绕"诗意的语言"与"诗化的人物"让学生着重探究、深度思考、深入练习，做到一课一得。

再如教学《使至塞上》，诗词的大意学生结合课下注释就可以明白，王维是学生所熟悉的诗人，这些内容都可以舍去，不讲或略讲，而诗中的意象所体现的作者的情感以及用字的精炼是要精讲的。语言是语文的精髓所在，潘新和教授在《语文：表现与存在》中说："语文教师是言语生命的传递者。"教语言是语文课堂中必不可少的元素，引领学生走上充满言语生命力和创造力的道路，着眼于学生言语人格的提升，也是语文教师的重要使命。

如此，就文本内容的"深浅"取舍，实则是要"取"语言的深度学习，"舍"浅尝辄止的浅显学习。语文课取舍有度，虽化繁为简，但简约而不简单的语文课堂能让学生感受到思维的深度、知识的广度、语言的力度，这是语文教学中的大气度、大智慧。

三、取之有效，舍之有得

俗话说："舍得舍得，有舍才能有得。"取舍取舍，取中有舍，舍中有取，如何做到"取舍有效"，教师的实践智慧和教学视野是关键。我们力求语文公开课的"简约"，就是要在教学目标、教学内容、教学形式、教学层次上化繁为简，体现"大道至简"，实现语文教学的简约之美。

（一）方法——舍"形式"，取"创举"

我们常说，教学有法，教无定法，贵在有法。语文课堂的教学方法有很多，但是并不是每堂课都需要很多种方法，也并不是传统的教学方法不可取，教学方法要与教学内容贴合，在此基础上，教师可以展示个性，聚焦优势，有创新之举。

我们都知道"读"是语文教学传统有效的教学方法，以读贯之的策略，也可以结合教学内容在"读"上有所创新。比如教学《湖心亭看雪》，在品读写景句时，可以采用整体感知—读，前后对比—读，替换量词—读，颠倒顺序—读，文画结合—读。这样的"读法"，再加上教师巧妙点拨、精要总结、合理评价，师生交流对话，一步步走向文本深处。教学方法的选取主要是切合实际，适合学生，不求面面俱到、蜻蜓点水式的花样策略，但求切实有效的课堂方法。教师若能在公开课上发挥所长，方法得当，便是一大特色。比如《湖心亭看雪》《使至塞上》可以用到"图像演示法"，《背影》可以用到"蒙太奇电影镜头"，《海燕》可以用"简笔画演说法"，《荷花淀》可以用"情境表演法"，等等。

（二）环节——舍"次要"，取"主要"

教学环节的设计不宜过多，核心的教学环节以2~3个为宜，且依据教学内容的"最终落点"设计教学环节——舍弃教学的次要环节，取主要环节凸显重点，可以使得教学效率最大化。

很多名师上公开课，对教学环节都进行了大刀阔斧的删减。比如余映潮老师上《记承天寺夜游》，核心环节只有三个：有味地朗读、有味地分析、有味地欣赏。

余老师富有层次的板块设计，环节清晰有创意。精细的朗读训练，精简的结构分析，丰美的妙点赏析，"课堂积累丰富，学生活动充分"，主次分明，简约有效。

（三）层次——舍"平度"，取"梯度"

语文教学层次上的"梯度"设计，最能体现一个教师的教学水平高低。我们在听公开课时，会观察这节课是否采用由浅入深、层层递进的设计。我们在课堂教学层次的设计上要舍其"平度"，取其"梯度"，平平无奇的内容要大胆舍弃，在其深度、广度上要细致化、多元化，紧密衔接，步步推进，呈现"梯度"设计。

我们来看《使至塞上》的教学设计。环节只有三个，每个环节之间是紧密衔接的，各个环节引领学生由表及里、由浅入深地走进去，又能让学生由里及表、由深到浅地走出来。

《使至塞上》的教学环节："一、诗人与诗韵——读诗人，读诗韵；二、画意与诗意——知诗意，品意境；三、意象与诗情——抓意象，悟诗情。"

我们在做教学设计的取舍时，由课文的"表象层"进入"深层次"，需要借助教学设计的"台阶"，无论是教师"教的活动"，还是学生"学的活动"，都将由"坡度"走向"梯度"。

"弱水三千，只取一瓢饮"，这是语文教学的一种能力，也是语文教学的一种艺术。"取舍有度""舍中有得"所体现的教学智慧是一种集中优势，能够进行教学聚焦，提高课堂效率，拓宽教学视野。"取舍"艺术是教学的延伸，是激发，是留白，能够激活课堂主体的思维，产生"愤""悱"之情。如此，一堂公开课上，教师"创造性地使用教材"，学生进行有广度、有深度的学习，拥有自己的言语建构和创造，从而走向有"梯度"的语文素养提升之路。这些，都是我们语文教师的终极使命，每一堂课都值得细细琢磨。

第二节

公开课教学设计及评析

"品景入心"

——《湖心亭看雪》公开课教学设计

授课地点：珠海市立才学校　授课教师：陈志红

教材分析

　　《湖心亭看雪》是部编教材语文九年级上册第三单元的一篇自读文言文，学习本单元注意积累文言词语，体会古人寄情山水的情感。本文用简约淡雅的笔致勾画了一幅雪后奇景图，作者孤高自赏的情怀和深沉的故国之思耐人寻味。

学情分析

　　本文为自读课文，九年级的学生已掌握一定的文言词汇，可以借助注释疏通文义。新课标提出"对作品的思想感情倾向，能联系文化背景作出自己的评价""说出自己的体验"，单元目标侧重体会古人寄情山水的情感，所以重在引导学生理解作者的精神世界。

教学目标

知识与能力目标：反复诵读，结合注释，随文积累"绝、白、更、强、沆砀、焉、痴"等文言词语。

过程与方法目标：以读促悟，品味写景妙句，体味白描手法，体会景物苍茫和人之渺小，提高鉴赏能力。

情感与价值目标：感悟张岱超凡脱俗的雅趣和清高孤傲的情怀。

教学重点

品味雪后奇景，体味白描手法的运用。

教学难点

理解作者的精神世界，感悟张岱超凡脱俗的雅趣和清高孤傲的情怀。

教学思路

以"痴"为入口，以"言语"立足，试图进行文字—文学—文化三个层面的立体教学，通过抓关键词、以读促悟的方法走进张岱的内心世界，触摸那孤独的灵魂。进行简文丰教、言文合一的教学实践。

教学过程

情境导入：有人说，没有看过西湖冬景的，读读张岱的《湖心亭看雪》就可以了。穿越千年，跟随张岱去湖心亭看雪，他到底看的是什么？（PPT 播放西湖冬景的图片）

（设计意图：创设情境，设疑导入，激起学生的阅读兴趣。）

活动一：头脑风暴，通晓文意

活动任务：教师发起头脑风暴活动，即学生提出课文翻译难点，一生提问，另一生回答，教师提问，学生抢答，共同疏通文义。

（设计意图：中学生好胜心强，此活动形成竞争，开发头脑，培养语感，疏通文义。）

活动二：创意朗读，品景入心

活动任务：教师提示赏析要点，即整体意境、数量词运用、写景手法，学生可以发挥自身的特长，选择朗读方式，品味写景妙句。

小组展示：

（1）整体感知—读：小组一起朗读写景句，一生想象西湖雪景画面，用粉笔在黑板上白描勾画。

师生点评：通过朗读想象，整体感受画面特点——广阔苍茫的意境。白描勾画，创设意境，让我们体会景物苍茫和人之渺小。

（2）前后对比—读：去掉三个"与"进行对比，赏三个"与"之奇。

师生点评：抓住关键字进行赏析，三个"与"字展现出景物的浑然一体。

（3）替换量词—读：换"痕""点""芥""粒"为"条""座""艘""个"，赏量词之奇。

（4）颠倒顺序—读：调换"痕""点""芥""粒"的顺序，赏视角之奇。

师生点评：对量词的品读，让人感受到意境的开阔，在广阔的天地中，景物苍茫，人物渺小。

（5）文画结合—读：学生诵读写景句，教师展示自绘水墨画（学生根据文本课前也画出了"湖心亭看雪"的中国画），体味白描手法之妙。

师生点评：发挥中国画特长，文画结合，直观感受静谧、苍茫的意境，以及天人合一的境界。

（设计意图：给予鉴赏方法，引导学生自主赏析，师生发挥绘画特长，将语文与美术学科融合，用直观的画面调动学生的思维，以读促悟，品味体验。）

（教师自绘水墨画）

过渡：天地之间白茫茫一片，一切是那么静谧，而人是那样的渺小。此时此景，怎能不让张岱思绪万千！我们结合文义用一个字来形容张岱此时的心境。

学生活动：自主解读，小组讨论，推选出最佳的"一字入心"上台展示。（写在课前发的贴纸上）

教师活动：对符合文义且有依据的都给予肯定，对偏离的则用文本加以引导。

（设计意图：珍视学生的阅读体验，尊重个性化的、有创意的阅读。）

小组展示：

预设：痴、独、绝、洁、静、奇、雅。

（1）痴：痴人、痴景、痴情。

（2）独：落寞孤独、孤高自赏、遗世独立。

（3）绝：与世隔绝、景绝、心绝。

（4）洁：高洁傲岸、不随流俗、坚守如初。

（5）静：片刻宁静、释怀。

（6）奇：大自然的神奇，人生的奇妙、渺小。

（7）雅：闲情雅兴。

活动小结：这是一幅简约的画，有色彩之奇，三"与"之奇、量词之奇、视角之奇、构图之奇。极言景物之小，让人感慨天地之悠悠，人生之渺渺。短短几句，实现了大与小、远与近、虚与实、物与人的融合，描绘了一幅"天人合一"的雪景图。大家用创意朗读的方式，读出了张岱所痴迷的奇景，也读懂了张岱，走进了他那颗孤独的内心，穿越千年，成为张岱的知己。

活动三：同台辩论，知人论世

活动任务：阅读课文第二段，结合文中语句及关键词，说说张岱是否有遇到知己的喜悦？分成正反两组同台辩论，结合背景材料，知人论世。（辩论时课件显示学生搜集的背景材料）

正方·喜悦开怀：

（1）"喜"：遇到知己的喜悦。

（2）"饮"："三大白"，喝得痛快。

（3）"更"：巧遇故人的惊喜。

反方·孤独落寞：

（1）"拉"：并不是十分愿意饮酒。

（2）"强"：尽力喝了点，如果是知己，应是酒逢知己千杯少。

（3）"别"：喝完就走了，并未深入，而且答非所问。

（4）"似"：是相似，并不是同路人。由"崇祯五年""金陵人"得出故国之思的痴情。

（设计意图：激发学生主动思考，联系背景作出自己的评价。）

活动小结：大家准备充分，辩论有理有据。张岱是一个有超凡脱俗的雅趣和清高孤傲的情怀的人。张岱去湖心亭看雪，看的其实并不是雪本身，是孤独，是心境，是雅趣，是痴迷于故国的情怀……

活动延伸：冰雪是张岱的象征，是张岱的精神家园。在中国历史上，有多少文人将情感投射于自然景致之中，寻找心灵的归宿。柳宗元孤身一人寒江静坐："孤舟蓑笠翁，独钓寒江雪。"李后主形单影只："无言独上西楼，月如钩。寂寞梧桐深院锁清秋。"杜工部茕茕孑立，登高长啸："万里悲秋常作客，百年多病独登台。"陈子昂形影相吊，登幽州台："念天地之悠悠，独怆然而涕下。"假如张岱穿越时空，与柳宗元、李煜、杜甫、陈子昂相遇，你认为他会选择谁作为知己？大家可以阅读更多的文学作品进行合作探究，了解更多的"痴人"情怀。

（设计意图：由文字—文学—文化，拓展延伸，走向更广阔的语文天地。）

板书设计：

（设计意图：板书相当于微型教案，突出课堂的重点，将简笔画与语言文字相结合，简洁新颖，重点突出，记忆深刻，也具有美感和设计感。）

朗读，藏在情境课堂里的奥秘

2018 年珠海市举办了青年教师课堂展示活动，我教授了《湖心亭看雪》。此次活动特别注重教学活动的设计，实质是践行新课程标准"以生为本"的理念。认真研读活动规则，对课文进行了"素读"和"裸读"。文言文教什么？怎么教？怎样让"学的活动"充分展开？就这篇课文该怎样取舍？带着这些思索，我再次阅读了王荣生教授的《阅读教学设计的要诀》，搜集了大量的资料，经过取舍，有了《湖心亭看雪》的教学活动设计。这堂课展示过后，有些许满意，也有不如意之处，但当时的我入情入境地讲解，以饱满的情绪创设情境，唤起学生情感上的共鸣，给听课的老师们留下了深刻的印象。好几位在场的青年教师给我发来微信："陈老师，太喜欢你的设计了，特别有创意。""活动很有启发性，要是我是你的学生肯定也要表达见解。""朗读的层级性可以思考……"刘芳老师作为评委现场观课，还特别就我的课例作了点评。回想备课经历，听着在场老师们的点评与建议，我对课堂又有了新的思考。

一、朗读造境

文言文到底怎么教？重"文"还是"言"，是重其"工具性"，还是与"人文性"兼顾？这些话题争论已久，似乎每位老师都有自己的教学观念。就《湖心亭看雪》这篇文言文而言，它是一篇自读课文，文章用清新淡雅的笔墨，勾勒出雪后西湖的奇景，与天与云与山与"两三粒人"，共同构成了一种画面感极强的艺术境界。我的思考是：自读可以疏通文义，不必在字、词、句的解释上大费时间，知识点不必过多，删繁就简，取舍有度，避免"蜻蜓点水"式的串讲。所以，教学设计以"痴"为入口，以"言语"立足，试图进行文字—文学—文化三个层面的立体教学，通过以读促悟的方法走进张岱的内心世界，触摸那孤独的灵魂。

经过"取舍"与"剪裁"，我将教学目标定位于赏析雪后奇景，体味白描手法，解读张岱的精神世界。教学目标非常集中。这篇简约的小古文流传至今，必定是有与当今生活相通的长久的生命力。文言文的教学，要极其注重朗读，这是探寻文言文教学的密钥。

整体感知　读：朗读写景句，想象西湖的雪景画面，朗读时引导学生抓住关键字，如"绝""一""与"等，学生能想象到一幅万籁俱寂、广阔苍茫的画面。文言文语句凝练、含蓄典雅，一两个字就有无穷的意境，所以指导学生朗读时，抓住关键字引导好学生的相关联想非常必要。

前后对比—读：去掉三个"与"进行对比，赏三个"与"之奇。

替换量词—读：换"痕""点""芥""粒"为"条""座""艘""个"，赏量词之奇。

颠倒顺序—读：调换"痕""点""芥""粒"的顺序，赏视角之奇。

文画结合—读：教师展示自绘水墨画（学生会画更好了），学生诵读写景句，体味白描手法之妙。

从整体到部分，就写景句让学生变换形式反复朗读，教师在学生朗读时，组织语言，以引—读—引—读的形式，设置情境，烘托氛围，让学生进入天人合一、静谧苍茫的境界。朗读营造课堂情境，学生自然而然加深了对课文的理解。江弱水在《诗的八堂课》——"公开的秘密"一节中说："语音与某种特定的心情、特定的物性挂钩，这是公开的秘密，只不过经过一个世纪的喧嚣，我们的耳朵都不灵敏了，一般读者未必知晓这个秘密。"其实，朗读把藏着的形象，把蕴含的心境变得更加直接清晰，更有画面感，语音本身与特定的心理感受之间有对应性，这就是朗读的奥妙！比如三个"与"字，发音时双唇合拢，呈圆形，唇、齿、舌之间发出最细微、粘着的声音，似乎拆都拆不开，就如同天、云、山融为一体，没有分开一样，你读着读着，就仿佛看见一幅"广阔苍茫""天人合一"的雪景图。朗读具有引起人们的感觉和联想的效能，朗读造境，能读出作者微妙的情感。

二、艺术创境

《湖心亭看雪》是一幅简约的画，一幅静谧、淡雅的水墨画。在备课时朗读着、想象着、琢磨着，脑海里出现了一幅物我相融的画，拿起笔，画了下来。叶公超在《音节与意义》中说："文字是一种有形有声有义的东西，三者之中主要的是意义，因此我们不妨说形与声都不过是传达意义的媒介。"形、音、义构成了广义的语言。前面的朗读是以形象思维开展的活动，头脑中的"视像"还不够鲜明，教师不断地创设情境，以朗读促进讲解，又以讲解促进朗读，伴随朗读和讲解，又适时展示手绘水墨画，生动的情境、直观的画面，亦品亦读，亦读亦品，架起学生经验与文本之间的桥梁，文字的内涵在语音与画面中成为"显像"。语音是听觉艺术，绘画是视觉艺术，教师运用艺术创设情境，不仅自己进入情境，在课堂上倾注情感，也把这种情境、这份情感传递给学生。这种灵动的教学形式，就是肖川在《教师的幸福人生与专业成长》中所说的："从学生的成长过程来说，是精神的唤醒、潜能的显发、内心的敞亮、主体性的弘扬与独特性的彰显。"

在听觉和视觉的艺术情境下，师生置身于湖心亭的雪景中，大与小、远与近、虚与实、物与人融合的境界，以螺旋式上升的朗读来构建，为理解张岱的心境作好了铺垫。

三、深读入境

品读写景的句子，抓住"绝""独""与""一""一痕""一点""一芥""两三粒"来感悟，不知不觉由景到人，学生结合文义用一个字来形容张岱此时此刻的心境。情境的创设蓄势已久，学生很容易就能揭开作者心境之薄纱。伽达默尔说："在体验中表现出来的就是生命。"学生在情境中有了自己独特的体验，接下来与文本进行深度对话，用充满灵性的敏锐触角去感知文本的生命厚度。

如果说赏景还是以一个旁观者的视角来感知的话，通过音、形、义的学习，学生渐次触摸语言、感受文字、诠释内涵，有了自己独特的见解。学生的视角发生了变化，是景中人，或是张岱，学生将作者的心境抑或是自己的心境化成了语言：

生："独"是张岱的心境，他"独往"，内心落寞孤独，孤高自赏又遗世独立。

生："绝"最能体现他的心境，景绝，心绝，内心与世隔绝。

生："静"，此时他有片刻的宁静。

生："奇"，大自然的神奇，人生的奇妙、渺小。

生："洁"，高洁傲岸，不随流俗，坚守如初。

……

学生对"一"字的解读更是将课堂引向高潮。

生：中国古代文人都非常讲究天人合一，与自然的和谐统一，人在大自然当中都是非常渺小的。张岱的内心始终如一，初心不改，"一"就是他的本性。他孤高桀骜、坚守如一、固执执拗，这些是很多文人性格的写照。

在这堂公开课中，教师以朗读造境、以艺术创境，师生成为作者精神和心境的载体，把语言、语音、语义变成了一种心灵的姿态。我们常说课堂要创设情境，"创设"实则不能算是情境的最高境界，"感人心者，莫先乎情"，最高境界的情境课堂应当是教师凭借自身的积淀，以饱满的热情、入情入境的唤醒，与学生在课堂上产生情感的交流。就像王崧舟老师讲《湖心亭看雪》，让听者感觉他说的每句话、每个字都是情境，从朗读到引导都是水到渠成、自然而然。这样的教学境界可以先仰望着，我们青年教师可以在朗读的层级性、朗读的逻辑关联上继续探索，交给学生一把开启情境课堂的钥匙，终究能探寻出其中的奥秘。朗读可以满足各个层次的学生的需求，理解不透的，保有语音的记忆，也许日后会被唤醒。如能在课堂上对不同能力层次的学生进行针对性点评，那会让朗读成为有效教学。

朗读是个神奇的旅程，而文字作为语言符号有其独特的内涵，音、形、义有时就是作者内心情感的流露。好的老师能发出课堂好声音，而最好的老师能发出最好的情境之音。

现 场 观 课

邂逅那份令人怦然心动的天真

《湖心亭看雪》是明朝才子张岱的一篇小品文，文笔洗练，像一幅水墨画静静地立在文丛里，淡淡地，不声不响。走进去，走进张岱的人生，走进字里行间，定会邂逅一份令人怦然心动的天真。

看，"是日更定矣，余拏一小舟，拥毳衣炉火，独往湖心亭看雪"，行为天真。

再看，"天与云与山与水，上下一白"，用现在的话说就是"天和云和山和水，上下全白了"，直白通俗，如小孩子的表达，毫无修饰。

更不用说"痕""点""芥""粒"，像个淘气小孩在画画，寥寥几笔，一点也不认真……

同样，看陈志红老师教《湖心亭看雪》，感觉教者与作者气质完全融为一体，时时刻刻都充满着孩童式玩耍的天真。

先看情境设置，"穿越千年，跟随张岱去湖心亭看雪，他到底看的是什么"，轻松导入，玩穿越，玩旅游，瞬间激发学生兴趣，引发思考。

散文是作者高度个性化的真实言说，所以散文的教学重点要放在作者通过言说对象传递出来的个人情感或者情理上。如何理解张岱及张岱在此时此地的情感呢？陈老师的活动设计似乎简单到极致，却又有着四两拨千斤之效。"在文中找出一个最恰当的字来评价张岱""结合文义用一个字来形容张岱此时的心境"，"一个字评价"与"一个字形容"中的"一"，真是一个奇妙的字，用简单吸引学生，回报却极其丰富，与"上下一白"的"一"境界相似。

语言的建构与运用是语文素养的核心。阅读首先通过外在的语言形式，唤醒学生内在的对语言的亲近感。怎么唤醒这份亲近感？优秀的老师善于设计活动，搭建生本对话的桥梁，陈老师课中的几个"读一读"天真可爱之极。

"前后对比一读"，减字读，三个"与"字描绘出了天空、云层、群山、湖水之间白茫茫浑然一体的浩大顿现。

"替换量词一读"，换字读，换"痕""点""芥""粒"为"条""座""艘""个"，人、物的渺小与宇宙的苍茫尽显。

"颠倒顺序一读"，换序读，调换"痕""点""芥""粒"的顺序，景物一个小似一个，似小船在夜色中缓缓离开，微妙的意境只可意会不可言传。

这些语言游戏，让学生踏踏实实在文本的语言中走个来回，探求着言意转换背后的密码，充满了探险与发现之趣。

拓展延伸呼应开头，继续玩穿越，"假如张岱穿越时空，与柳宗元、李煜、杜甫、陈子昂相遇，你认为他会选择谁作为知己"，像一个选朋友的游戏，小活动带动真实践，将探究带向更丰富更广阔的心灵世界。

整节课，陈老师带着孩童式的天真，带领学生，立足言语，深度探究一个天真的灵魂。

与之相遇，心动，感动，幸甚！

刘芳

中学语文正高级教师，珠海市拱北中学

名 师 点 评

因"声"为"画"探文本，任务驱动分浅深

    《湖心亭看雪》是一堂活动课。作为自读课文，以学生活动为主进行教学设计，这样的定位是合理的。

    在以学生活动为主的活动课中，教师的作用如何体现呢？我以为在这样的课型中，教师的角色主要是幕后的导演或活动设计师。这堂课的设计中，教师设置了头脑风暴、创意朗读、同台辩论等活动形式，这是课前所下的功夫；而若要达成教师所设想的"形成任务驱动，激发学生的思维"，则要看活动设置的细节和环节的品质，也要看教师在学生活动过程中展现出来的教学引导能力。至于能否使学生"走进张岱的内心世界，触摸那孤独的灵魂"，给出"个性化解读"，则具有更高的不确定性，取决于多方面复杂的因素。

    《湖心亭看雪》整体活动设计，在环节上是简明干净的，在认知上是循序渐进的。下面就三个主要活动环节进行简单的评述。

一、头脑风暴，通晓文意

    这个环节主要是实现对文意的基础性理解。教师对"头脑风暴"的解释是"学生提出课文翻译难点，一生提问，另一生回答，教师提问，学生抢答，共同疏通文义"，虽不见得符合"头脑风暴"本来的意思（"头脑风暴"要求无限制的自由联想和讨论，旨在产生新观念或新设想），但无疑能营造自由融洽和不受限制的气氛，使学生的字词障碍与疑难问题获得充分的解决，为后面环节的分析奠定坚实的基础。

二、创意朗读，品景入心

由字词意思的理解到景物的品析，进了一层。

因声求气，循声悟义，这是符合中国语文教学传统的。这个教学设计非常重视"读"，这也是很多初中语文教师都习惯的方式，乍看似乎不见高明，而实则颇具匠心。在阅读教学的课堂上，问题不在于要不要"读"，而在于怎么"读"。这个设计采用了整体感知—读、前后对比—读、替换量词—读、颠倒顺序—读、文画结合—读五种方式，根据不同的赏析内容来创设不同的诵读方式，很明显是基于教师对文本的准确领会，看似寻常的"读"背后，实有丰富的内涵。在初读之时学生想象西湖雪景画面用粉笔在黑板上白描勾画，活动结束时教师展示自绘水墨画以让学生参照文中写景文字欣赏，则更有创意。虽然王安石说"意态由来画不成"，但这种方式仍是极具教学意义的，它能激发学生的兴趣，召唤出文字的形象感，并能使文章中分散的写景文字变成整体化、结构化的画面。由此引出画面的"静谧苍茫"，这就过渡到学生小组对文中画面"一字入心"的概括性解读活动，衔接非常自然。

在语文教学中，教师重视"读"，无疑是正确的和重要的。但我们同时应该知道，仅仅依靠朗读是无法抵达意义的。对文本意义的理解绕不开语义分析，只在语音层面上下功夫是不行的。朗读本质上是在对语义有了正确理解的基础上用语音呈现文本的一种形式。所以，通过朗读，就"读出了张岱所痴迷的奇景，也读懂了张岱，走进了他那颗孤独的内心，穿越千年，成为张岱的知己"，这种效果是如何实现的，还需要进一步的分析。

三、同台辩论，知人论世

活动三是前两项活动的跃升，实现了对文意更深刻的理解。"阅读课文第二段，结合文中语句及关键词，说说张岱是否有遇到知己的喜悦"，这是辩论的论题，我认为这个论题是合理的且很有分寸。"阅读课文第二段，结合文中语句及关键词"，提出了紧扣文本的要求，这并不是脱离文本的、空泛而不着边际的、贴标签式的"知人论世"。

我一向反对脱离文本的"知人论世"，因为那会损害对文本实事求是、讲证据和讲逻辑的分析。当且仅当文本中的内容直接指涉相关历史人物或历史事件时，引入相关背景材料才是合理的。例如，在《茅屋为秋风所破歌》中写到了"丧乱"即安史之乱，此时才能引入关于安史之乱的材料作为文本分析的补充依据；在《湖心亭看雪》中提到了"崇祯"与"金陵"，此时才有必要引入金陵作为明朝开国首都和崇祯作为明朝倾覆时的君主的背景介绍。所有不能跟文本直接关联的作家介绍和时代背景介绍，都可能构成对文本的"非法干涉"，从而导致对文本的误解。

在整个辩论过程中，无论是正方还是反方，都是依托于文本证据在展开辩论。正方抓住文本中的"喜""饮""更"，反方抓住文本中的"拉""强""别""似"，双方都依据文本内容来分析情感内涵，至少是言之有据的，值得充分肯定。

我觉得课堂设计中没有列明教师在辩论过程中的引导，是一个遗憾。在任何辩论中，击败对手不是目的，求真才是目的。教师应在辩论中引导学生避免自说自话，要尝试理解对方的观点，并利用对方的观点优化己方的论述。最后，若有可能，辩论双方是否可以在坚持自己的立场的同时，达成某种程度的妥协，形成一定的共识？

这个活动的延伸部分很好。由张岱延伸至柳宗元、李煜、杜甫、陈子昂等诗人，对学生视界的扩张、知识的联结，都是很有好处的。举一而反三，就在这些细小处。古代文人将情感投射于自然景致中以寻找心灵的归宿，这是一个普遍的行为模式。而张岱与其他几位略有不同的是文中明言的"痴"，这种深处有痛感的孤寂带着特有的个人特色和时代特征，还可以有很大的辨析空间。当然，教学要根据学生的实际情况适可而止，这也很符合设计者"深度备课，适度教学"的语文教学主张。

综观本课的教学设计，环环相扣，渐次深入，有清晰、合理的教学逻辑。

通过任务布设，学生在任务驱动下活动，在活动中完成任务，完全改变了传统的"讲一讲，读一读"或"问一问，答一答"的文言文授课方式，学生自主阅读、自主探究的积极性被有效调动起来。这是这个设计最大的亮点。教师在朗读的设计、绘画方式的运用方面，表现出的教学创意和教学才华，也值得学习。既能运用先进的教学理念搞好整体设计，又能利用自身优势在局部呈现出华美乐章，是这一堂课带给我们的最大启示。

罗晓晖

成都语文教研员、成都教科院国学研究室主任、

成都文理学院特聘教授

第三章

精巧构思，
选点切入

第一节

教学思考与理念阐释

 主 题 一

教学选点要准、小、巧

公开课教学有别于常态课教学。常态课日日教学，日日精进；公开课则要在一定时间内展现课堂教学全貌，展现教师的教学功底，时间有限，教学内容有限，对学情的掌握也有限，如何在有限的条件下创造无限的课堂张力？"选点切入"是最有效的教学方法。公开课的教学选点不仅要准，还要小而巧。"选点切入"用钱梦龙老师的话讲就是通过对课文的认真分析，找到一个"牵一发而动全身"的关键性问题作为突破口，逐步切入到文本内容和课堂构建，然后逐步展开教学。

公开课课堂教学的关键技巧也在"选点"。寻找教学的切入点，可以根据课文的不同特点，从课文的文眼、文脉、文旨等处寻找"突破点"，也可以在课文的疑点、难点、美点、情感点、异同点、创新点、组结点等处找到"引爆点"，使得这个"选点"贯穿课堂始终，既能支撑起文章的骨架，又能串连起课堂的环节。"一字立骨"教学法是"选点切入"行之有效的方法。"一字立骨"可以撬动整篇课文和整个课堂，贯穿点—线—面—篇—章—群，使得课堂教学聚焦重心，删繁就简，提高课时效率，增强语文教学的艺术性。

一、一字立骨，聚焦重心

陈晓东老师说的"一字立骨"，指的是运用一"字"贯穿课堂始终，既撑起文章的骨架又体现文章的神韵，从而起到以少胜多、以简驭繁的一种文本解读法以及基于文本解读基础上的语文教学法。这里说的一"字"不仅仅是指一个字，也可以是一个词语、一句话、一个主问题，甚至是一种思维方式……我们先从传统意义上的一个字切入文本，切入课堂。

（一）于文题处立骨

无论是对什么特点的文章，选点突破都应当直指文章中心点和关键点。文章的题目往往是中心的浓缩概括，我们可以从文题入手，用题目中的一个关键字支撑整篇文章。

张岱的《湖心亭看雪》，这篇文章可以从题目入手，以"看"字立骨，设计一个主问题："有人说，没有看过西湖冬景的，读读张岱的《湖心亭看雪》就可以了。穿越千年，跟随张岱去湖心亭看雪，他到底看的是什么？"学生研读文本后，明晓他看的是雪景，看的是心中之景，我们又从景中看出了张岱是一个有超凡脱俗的雅趣和清高孤傲的情怀的人。所以，张岱去湖心亭看雪，看的其实并不是雪本身，是孤独，是心境，是雅趣，是痴迷于故国的情怀……以文题中的"看"字切入，以读促悟，让学生思维的触角深入到每个自然段乃至每个关键性的句子或词语中，走进了张岱的内心世界。

《记承天寺夜游》文题当中的"夜"和"游"都可以立骨，王君老师在《听王君讲语文教师成长》中给出了思路建议：以"夜"字切入，普通意义上的"夜"，苏轼的"夜"，苏轼的人生之"夜"，最后归结到苏轼的这个夜游之"夜"的非同寻常上来。通过"夜"，是可以势如破竹的。王君老师认为也可以用"游"字来切入。苏轼这一"游"不同凡响：时间、地点、伴侣、景色、心情都是非常之人的非常之游才可能有的。这"游"写得也很神奇。处处不写"游"，又处处在表现"游"。在似游非游之中我们感受到的是心灵的游目骋怀。

再比如《陋室铭》，以文题中的"陋"字立骨，引导学生对"陋"字进行理解，陋室"陋"在哪里？一步步引导学生分析课文，最后层层剥茧，明晓"陋室不陋"的真正内涵在于"惟吾德馨"。

用一个字来统率主题，结构文章，锤炼字句，贯穿整个课堂，这样的"一字立骨法"在公开课教学中是非常有效的教学法。余映潮老师的"主问题法"和"一字立骨"教学法在本质上相同，余老师在公开课中也常用一个字拎起整篇文章，建构起整个课堂，"一字立骨"在长文的教授中尤其高效。比如余映潮老师在第六届"人教杯"语文教师与作家同行——文学作品解读与教学观摩研讨会中讲了《孤独之旅》。他以文题中的"旅"字切入课文，说说"孤独之旅"中"旅"字的含义——《孤独之旅》写了一个什么样的故事——《孤独之旅》的成长旅途中写景状物美点赏析。这堂公开课，以"旅"字立骨，带领学生解读"旅"字，理解这个"旅"字本身在整个作品中的意思，理解这个字后面的东西，长文短教，聚焦重心。

《孤独之旅》的作者曹文轩评课时点评道："一个字、一个词，绝对不是无缘无故的，每一个字、每一个词，都要仔细地琢磨，你才能发现那个字、那个词后面藏着的意义是无穷无尽的。"曹文轩点评的话语不仅说出了文本解读的关键点，也是对"一字立骨"教学法最精准的诠释。

（二）于文旨处立骨

我们聚焦一篇文章的某项内容或者某个角度时，寻找到的这个关键信息点要能使文章内容有核心，思想有辐射源与内聚力，抓住了这个点就能够"拓开一条路，深耕一片田"，这个时候，我们往往会将文章的主旨作为教学的切入点。

比如《湖心亭看雪》，可以以"痴"字立骨。张岱的"痴"表现在对雪景的痴迷，对故国的痴迷，所以他有"痴行"，描绘出"痴景"，流露出"痴情"。一个"痴"字把景与情巧妙地结合起来，简化了教学线条，步步推进，直抵这篇写景小品文的核心。

又比如《马说》，多读几遍，会发现"不"字出现了11次，以"不"字立骨，抓住 11 个"不"字句，品读"不"字的情感，逐步深入文本，解读伯乐之"不"，千里马之"不"，食马者之"不"，韩愈之"不"，入情入境感受到韩愈对选拔人才制度的强烈不满。这个"不"字让读者产生强烈的共鸣，是作者内心不平则鸣的呐喊，但韩愈没有因此而遁迹山野，而是积极举荐人才，这是韩愈之"不"，这个"不"字饱含情感价值和人文内涵，我们提炼文中这个隐含的主旨点作为教学切入点，真可谓"一线串珠""一字立骨"！

"一字立骨"的这个字有时会多次出现在文章中，有时需要我们解读文本提炼出来。比如教学《唐雎不辱使命》，我们可以深挖教材，提炼一个字来作为教学切入点。通过品读对话，我们感知人物形象，文中有一句话"此庸夫之怒，非士之怒"，我们提炼出"士"字作为切入点，由"士"的源流、"士"的品质、"士"的精神、"士"的使命到现代社会之"士"，教学环节一气呵成，文章主题通过一个"士"字凸显出来。唐雎是真正的"士"，他不卑不亢、有勇有谋、不畏强权、恪守大义的形象深深植入了学生心中，学生为"士为知己者死""士可杀不可辱"的气节而动容。

于文旨处"一字立骨"，使得学生聚焦文章的重心，整堂课的教学环节衔接紧密，布局整饬而不乱，又富有内在的逻辑性，确实是公开课中实用有效又富有创意的教学方法。

（三）于文体处立骨

从文章的体裁上选点切入，首先就让学生认识了文章的文体，接着分析其中阐释的事理，就会显得顺理成章，文体特点和文章的主旨都易于阐明。

比如汲安庆老师讲《马说》就是从"说"字立骨，体味"理随情生"的言说艺术。说马—说己—说时代—说理—说法—说"说"，整个教学设计如行云流水般自然流畅。"说马"的环节说出了千里马的遭遇，"说己"和"说时代"说出了韩愈与那个时代的背景，"说理"和"说法"说出了文体特点和情理交融的特色，最后又回到文体"说"。就这样，韩愈利用"说"这个文体，写尽了整个封建时代有志难伸的文人的命运。不仅如此，《马说》甚至还蕴含着对人与人之间如何成为知音的深邃思考。由此，我们不得不为韩愈曲说、深说、妙说的说理艺术所惊叹。

借鉴此方法，可以用于多篇文章的"选点切入"，比如《小石潭记》《桃花源记》等以"记"为文体的课文，还有《中国人失去自信力了吗》这样的驳论文，都可以从文体处立骨，这样把抽象的事理变得形象，让文体和主旨变得可视和可思，自然激活了学生的思维，拓展了课堂的空间，增强了课堂的张力。

（四）于文脉处立骨

线索是行文的思路，是文章的脉络，抓住文脉中的关键字切入，这个"字"就是提纲挈领的一个抓手。

《记承天寺夜游》中，可以将"月"看作贯穿全文的线索。有一位老师抓住"月"这个意象，给出了教学思路：看月是月—看月不是月—看月还是月。抓住此意象，有层次地一步步靠近苏轼的心灵，引用《前赤壁赋》中的句子，从而真正理解"闲"的意蕴。

把"月"看作是景物线索，抓住句末的"闲"字，可以说是情感线索。以"闲"切入，设置问题：文中哪些地方可以看得出来他是"闲"的？学生扣住文字自己琢磨出来：闲而不睡，闲而见月，闲而觅友，闲而散步，闲而赏月，闲而自得……接下来问：苏轼是真闲吗？是"身闲"还是真的"心闲"？引到此处，结合苏轼的背景资料，一个身处逆境却豪迈至极、通透至极、乐观天真的苏轼就跃然纸上了，苏轼化解生命中困境的豁达态度也一目了然了，这样的公开课也就有了高度和深度了。（王君，《听王君讲语文教师成长》，人民出版社出版）

于文脉处抓住一个关键字立骨，拎起全篇，一线串珠，既撑起课堂的骨架又体现文章的神韵，这样的例子有很多，我们可以在解读教材时"咬文嚼字"，深入文本，增加课堂的张力。

二、词语经纬，贯穿始终

夏丏尊说："引发一种对语言的敏感。沉入词语，你会发现文本的精妙之点。"王君老师说："在词语里出生入死，这是文本解读的关键手法。"我们可以用一些关键词语作为课文教学的突破点，以点带面，带动全篇，带动整个课堂，可以在公开课中收到事半功倍的效果。

（一）实词

王君老师最擅长"关键词咀嚼法"，她的课例《老王》已成为经典，对这篇文章，王君老师就是以"活命"为全篇之骨，首先感受老王的活命状态，接下来感受杨绛的活命状态，最后总结要活出高贵的生命。这样的课堂既有梯度，也具有了高度与深度。还可以用不同的关键词构建全篇，王君老师的又一个经典课例《丑小鸭》，抓住了"世界""逃""丑""好"这四个关键词，每一个关键词都能展现出课文的一个主要片段，四个关键词串联起整个文本，成为课堂教学的一条主线。在《背影》这个课例中，她也是抓取了几个关键词：第一个关键词是"冬天"，把文章发生的背景讲了出来；第二个关键词是"迂"，归纳为语言之迂腐、行动之迂缓、情感之迂折，把父亲的言行和情感讲了出来；第三个关键词是"泪"，四次流泪，亲历了生命的"逝去""衰老""离别"和"死亡"，让学生体会到生之苦痛与爱之艰难是生命的常态。这些经典的课例都是词语经纬，纵横全篇，贯穿课堂始终。

（二）成语

我在讲王选的《我一生中的重要抉择》时，用课后"读读写写"中的四字成语切入，让学生结合课文内容，用这些词语来评价王选，并找出有笑声掌声的句子，通过对几个重要句子的讲解来分析王选作为科学家的精神品质，最后理解文章末尾所提到的"I＋WE＝Full I"这个公式的真正内涵。由词到句到篇，学生自主生成：我们每个人需要把自己融在"我们"这个大集体里面，最终完全体现自我价值，也正是因为有了王选这样大胸怀、大智慧的科学家，才有了国家的繁荣昌盛，从个人到国家再到世界，教学环节步步推进，水到渠成。

（三）叠词

"叠词"是"词"的一种构造方式。在《秋天的怀念》里，丰富而灵动的"叠词"是揭开文本的情感密码（桑苗语）。抓住叠词，以此贯穿全篇，是开启文本解读的一把钥匙，为课堂提供新的教学路径。

文中叠词的形式丰富，有 AAB 式、ABAB 式、AABB 式，其中有 14 个叠词都是用于描写母亲的。"悄悄""好好"两个词语多次运用。让学生圈出课文当中的叠词"悄悄地""偷偷地""红红地""好好儿活""絮絮叨叨""泼泼洒洒"等，使学生从这些叠词当中读出了一个暴怒无常的、对母亲充满了愧疚心疼的儿子形象，也读出了一个隐忍、坚强、对儿子充满了关爱的母亲形象。叠词入手，深入文本，从词到句到段到篇，还原了母子二人当时艰难的生命状态，让我们感受到了生命的残缺和疼痛，从而品味出母子情感错位的遗憾，读懂了"泼泼洒洒""好好儿活"的生命信念。

德国语言学家威廉·冯·洪堡特曾说："对事物的全部主观知觉都必然在语言的构造和运用上体现。"最简单的叠词解密出最深沉的情感，编织出以点带面的张力课堂。

（四）虚词

虚词也是词语中最常见的构成，我们往往容易忽略，教师要善于挖掘，善于引导，会用虚词"凿开"一篇文章，开启一堂好课。

王君老师在一篇文章《让虚词登堂入室》中讲到虚词有精神的魂灵，有性格的核心，有情感的内核。比如《阿长与〈山海经〉》中有一个关键句——"这又使我发生新的敬意了，别人不肯做，或不能做的事，她却能够做成功。她确有伟大的神力。"抓住"却"和"确"这两个虚词，文章前后两部分的关系就得到了巧妙的暗合，这两个虚词可以将阿长的性格、内心及作者的情感变化，如抽丝剥茧般剥落出最动人的内核。

在文言文中，虚词的运用更为广泛。比如在《马说》当中有五个"也"字，这篇文言文语气的变化都浓缩在这几个"也"字上。让学生抓住三个自然段结尾的"也"字以及"也"字后面的标点符号，对作者的思想感情进行分析、领悟，并通过有感情的朗读，加深学生对文章主旨的理解。

吕叔湘说："从语言出发，再回到语言。"用心钻研虚词，钻出一个点，钻出一条线，钻出一个面，钻研出课堂教学的新思路和新创意。

三、一线贯穿，删繁就简

这里的"一线贯穿"，指的不仅仅是文章的线索，还指能够切入文本，能用一个突破点、一个主问题架构起课堂的一条主线。可以用这条主线像穿珍珠一样，把文章中的一些精彩点串连起来，使语言、结构、手法、背景、环境、主旨等方面的学习，都成为达到中心教学目标的过程或手段。这条主线需要我们细读文本，优化、精选、整合、提炼出来。

（一）精选"关键点"

毕飞宇老师在其著作《小说课》里讲到《林教头风雪山神庙》，他抓住"风雪"二字大做文章。如果再让我上这篇课文，我会借鉴毕飞宇老师的思路。从"风雪"的环境描写切入，让学生找出描写风雪的句子，思考风雪与人物、情节的关系。风雪在这篇小说中绝不仅仅起到环境描写的作用，它还是小说的逻辑线索。因为风大，林冲把大石头靠在门后，这一"靠"把陆虞候与林冲隔离开了，所以林冲听到了实情。风雪是自然现象，但不是偶然的，因为陆虞候、富安两个人等了六天等来了大风雪，只有大风雪才能置林冲于死地，这一场风雪把林冲逼上了梁山。林冲只想在大宋王朝的体制内安稳度日，但是这一场"风雪"让他一步步走向了他不想"走"的反面，那这一"风雪"就不仅仅是自然环境中的风雪了，它还是社会中的"风雪"。抓住"风雪"这一条主线，将人物、情节、社会背景串联起来，删繁就简，着实巧妙、高效。

（二）提炼"精彩点"

说到提炼文章中的精彩点，我对肖培东老师的《祝福》一课印象深刻。《祝福》中精彩之点无数，在一节课45分钟之内教出精彩实属不易。肖培东老师通过抓住对祥林嫂眼神的刻画，讲述她悲惨的命运。小说中多次描写了祥林嫂的眼睛：顺着眼、眼角带泪、眼睛无神采、直着眼、大黑圈、眨着眼、分外有神、凹陷下去、间或一轮……抓住眼神细细品味，写尽人生悲苦。身份、处境、性格、遭遇、精神状态、心灵伤痕、黑暗社会……透过她的眼睛都可以窥视一番。通过读懂祥林嫂的"眼睛"，寻找小说更多的"眼睛"：祥林嫂的伤疤、长工的淡然、鲁镇的风雪、祝福的隆重、"我"的支支吾吾……肖培东老师见微知著，以点带面，学生的思维在他的引导下重塑、升华。肖老师如鲁迅一样有双犀利的眼睛，抓住文眼，启发学生向课文的"面"突破！

（三）整合"细节点"

张志公先生认为："语文教学也讲'点'。什么叫'点'呢？就是在最关键的地方，也就是确实比较难懂的地方，或者在全文特别重要的地方，或者写得特别精妙的地方，点一下。"这个"点"可以通过整合的方式来突破，教师引导学生从文章的某一"点"入手，逐步达到对全文这一"面"的理解和把握。

我讲《背影》和《故乡》时，抓住课文中的关键语句和细节点，整合出以"色彩"为主线的教学突破点。抓住《背影》当中描写色彩的语句，当中有父子俩服饰色彩的对比描写，有父亲为我买的橘子的色彩描写，从"色彩"这一点入手，层层深入，逐步读懂父子俩的情感冲突。我在教学《故乡》时，将"冷暖色彩"作为突破点，通过环境之"冷"，人情之"冷"，现实之"冷"，将小说的环境、情节、人物、社会背景通过"色彩"串联起来，展现出作者冷峻的眼光；当中的"暖色调"通过插叙、对美好的回忆，以及结尾处对美好生活的期待，表现出作者的心底依然存留美好希望。

这样整合式的教学突破点，需要教师仔细、多次研读文本，与自己的体悟结合起来，多次钻研，多次突破，才会发现课文当中的"亮点"与"细节点"。

（四）优化"聚焦点"

课文当中的"聚焦点"可能是多次出现的语言、典型动作、特别引人注意的细节。比如《变色龙》开篇就写警官奥楚蔑洛夫穿着新的军大衣，他每一次的"变色"都与大衣有关："叶尔德林，帮我把身上的大衣脱下来……真要命，天这么热，看样子多半要下雨了。""叶尔德林老弟，给我穿上大衣吧……好像起风了，挺冷……"这件大衣就是他见风使舵、趋炎附势的见证，大衣作为"聚焦点"，聚焦小说的人物、语言、动作和心理，同时将众人的表现也反射出来，抓住这个"点"聚焦学生的目光，引导他们去发现小说中优化的语言和细节描写，从而也优化了课堂结构。还有《装在套子里的人》当中的别里科夫总说："千万别出什么乱子。"我们聚焦到这句话上，会读出人物的性格、心理、社会背景……每篇课文的切入点往往都是多元的，而各个点之间也必然存在着关联，教材等待我们去发现与挖掘。

教学选点突破、选点切入，着眼于优化、精选、整合、提炼，这种选点式教学法以点带面，以小见大，有的放矢，微言大义，聚焦重心，高效活力。优化"聚焦点"正契合了《课堂教学基本规律》中的一句话：教师和学生成为学习的"伙伴"，协同投入对教材文本的"活化"，促成教师、学生、教材三个主体之间的对话、交往、互动。

无论我们选择怎样的教学点切入，备课的重心都应向学生倾斜，因为在课堂上，最关键的是促使学生的学习行为真正发生。选点突破，内化生成，如此，学生的学习行为才会有效生发。

教学设计要精、细、少

教学设计，是根据课程标准的要求，在充分了解学生、钻研教材的基础上，确定教学目标，构思安排教学资源和要素，选择教学方法，组织教学过程，确定合适的教学方案的设想和计划。一般包括教材分析、学情分析、教学目标、教学重难点、教学策略、教学活动等环节。成功的课堂教学依赖优质的教学设计，而公开课的教学设计要有所创新，这种创新设计表现在切入点的突破和教学思路的设计上。在准备公开课时，要花功夫去提炼课堂教学的主线，删繁就简，以一当十，达到四两拨千斤之效。上一节我们着重探讨了教学切入点的突破，这一节我们探讨如何精心设计教学思路，给学生一个台阶和支点洞悉教材和课堂的奥秘。

王荣生教授认为，课堂教学设计要思考两个问题：第一个是"教什么"，第二个是"怎么教"，优秀的教学设计要有组织教学环节和设计学习活动这两个要点。围绕"教的思路"和"学的活动"，公开课教学设计重在精而细，细而少。

一、抓住一个"精"字

（一）精准的目标

教学目标是课堂教学的灵魂，理想的教学目标不仅是教学的出发点，也是教学结果的必然归宿，因此确定教学目标是教学设计的第一步。精准的目标必须有精确的学情作为起点，在前一章节里讲了如何了解学情，可以以此为参考。教师一方面要钻研教材备出教学设计，另一方面要进行学情分析，将教学设计调整到适合学生水平的起点，也就是所谓的"以学定教"。

因为文本解读的多元性，语文教学目标的确定在教学中是个难点。王荣生教授认为课文的教学点即教学目标所在，文本的关键点和学生的疑难点的重合，就是一篇文章的教学点，也就是教学目标所在。

教学目标宜精不宜多，教学目标的设定"随文体而定"，也就是"因文而教"。在确定教什么之前要确定文章的文体，这样教学目标就比较精准。我们的语文课文大体可以分为散文、小说、诗歌、文言文、实用文体。比如，散文教学的目标定要围绕"体味精准的言语蕴含的意味，体味语言当中蕴含的作者情思和人生体验"展开教学，以此着重把握散文的"言和意"。小说的教学目标更多地落在小说三要素上：人物、情节、环境，依据现代小说观，小说的"叙事技巧"也成为小说的教学目标和内容落脚点的重要部分。诗歌体式有多种，教学目标主要落在"诗歌的语言和情感"上，诗歌的表达艺术多种多样，所以教学目标要在语言和情感的基础上，根据不同诗歌的不同艺术表达方式具体而定。王荣生教授认为文言文教学目标的确定，要同时考虑文言、文章、文学、文化这四个维度，一体四面，相辅相成。比如将《湖心亭看雪》的教学目标设定为：

（1）反复诵读，结合注释，随文积累"绝、白、更、强、沆砀、焉、痴"等文言词语。

（2）以读促悟，品味写景妙句，体味白描手法，体会景物苍茫和人之渺小，提高鉴赏能力。

（3）感悟张岱超凡脱俗的雅趣和清高孤傲的情怀。

这篇文言文的教学目标以"言语"立足，试图进行文言—文章—文学—文化四个层面的立体教学，通过抓关键词、以读促悟的方法走进张岱的内心世界，进行简文丰教、言文合一的课堂教学。

教学目标的设定宜小不宜大，宜精不宜多，以学情为前提。在设定目标时，要从整体出发，把一篇课文放到一个单元、一册书、一个学年、一个学段的具体要求中考虑，整堂课的总目标设定后，在重要的教学环节可以设定小目标，一一落实，最终指向总目标。

（二）精炼的内容

公开课教学内容的选择要"精而少"，就是要把精髓、经典的内容提炼出来，在课堂教学中抓住精髓和实质施教。

教学目标确定后，围绕教学目标选择教学内容。公开课教学要找准课文的"切入点"，抓住其"着眼点"，引导学生突破"关键点"，这样就落实了课堂的"教学点"。

教学内容不在多，在精炼，课文的"关键点"明确了，便不会造成课堂内容的繁琐和复杂。比如，《背影》教学的关键点在于引导学生体会"父爱"的心思，慢慢理解父子间的情感冲突。这篇散文的教学内容很丰富，父子间的语言和细节、父子间的情感、父亲的动作描写、父子间的矛盾、作者最深层的内心活动、作者散文的语言特点等。如果把体会父亲的心境和情感作为教学的"关键点"，教学内容就会相对精炼，可以引导学生层层递进，一一突破。我们采用王荣生教授的台阶状教学设计模式进行设计。

"迁"
1.父亲的"迁"的表现。
2."迁""太聪明"——体会父爱的深沉心思。
3.生存的困顿和难以言说的父子情。

"背影"
1.找出描写背影的片段。
2.在"背影"前加一个动词作为镜头的小标题。
3.结合文本交流背影镜头。
4.为镜头搭配主体色彩以体现意境。

"色彩"
1.速读找出课文中关于色彩的语句。
2.交流你会选择哪一种颜色来形容这篇文章。
3.用色彩解读父子间的情感。

台阶式的教学设计具有精炼的教学内容，紧扣教学点展开三个教学环节。教学环节简洁、集中、清晰，阶梯横线的上方是教学点，即"教的活动"，横线下方是能力点，是"学的活动"的展开，按照教学步骤呈阶梯状排列。

精炼的内容还需要精炼的语言，引言、过渡、小结都要力求精炼，教学内容的语言精准、精确、精密、精练，方能打造精彩的课堂。

（三）精巧的构思

明确的教学目标和精炼的内容必须有精巧的构思来实现。精巧的构思需要教师深扎文本，钻研教材，钻出一个点、一条线、一个面、一个体，这样才能理清教学思路，让课堂教学有一条清晰的主线。特级教师殷光黎提到：课文主线的提炼，教学思路的设计，必须根据作者的"文路"、编者的"思路"、学者的"学路"、教者的"导路"综合而成。优秀的教学设计通常是从文章的重点、难点、关键点、美点、核心点、技巧点提炼出一个个生动性和有效性兼具的"点"，由这些"点"扩展到"面"，串连起教学的主体思路。我们再来看一看下面的教学设计思路：

读出广阔的空间

——《假如生活欺骗了你》教学设计

初读——一个诗人

初选——一个关键词

初品——一种逆境

初思——一个启迪

初写——一个创作

这则教学设计的思路以"读""选""品""思""写"为主线层层递进，环环相扣。"读"，分层次朗读，边读边悟边穿插诗人的背景和故事；"选"，选出个人的关键词领会诗的韵味，说出自己独特的感受和体验。"思"，启发个体的思维；"写"，创作出自己的诗。

教学点确定之后，我们对教学的效果要有所预设，在预设下逐步展开相应的教学步骤。比如小说《台阶》，对小说人物形象的把握并不是很难，难的是如何理解人物追求"高台阶"人生目标的心路历程。根据这个教学落点设计以下教学环节：

凝望台阶，电影拍摄：如果你是电影《台阶》的导演，拍摄中你会选取哪几个场景来展现？

走近台阶，电影特写：在修建台阶的这些片段中，父亲有怎样的心路历程？你认为哪个可以作为电影特写镜头？

登上台阶，配音独白：台阶修建好后，父亲为什么若有所失？"这人是怎么了""父亲老了"——给父子俩配上几句内心独白。

回望台阶，群体形象：对典型环境中的典型人物，我们用台阶式板书设计展现教学思路：父亲觉得自家的台阶低，凝望台阶，有了人生目标，开始为修建台阶而奋斗。当登上高台阶后却若有所失，回望台阶，这是农民群体的一个缩影，勤劳、朴实、努力奋斗，不断超越一个个目标，但内心的谦卑从未改变。当"高台阶"的目标实现后，人也老了，心境越来越低落。马斯洛的"尊重"与"自我实现需求"最能回答小说结尾的空白点。

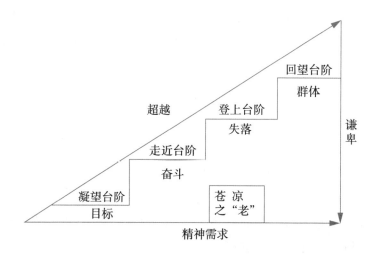

优秀的教学设计，应以学情分析为前提，以教学目标和内容的确定为灵魂，以教学策略与方法的运用为依托，以课堂教学流程的科学安排为基石。在进行教学设计的过程中要立主脑——围绕教学内容的核心点，减头绪——化零为整、化繁为简、不枝不蔓、环环相扣，这样的课堂设计才能高屋建瓴、纲举目张、层层深入，新颖而富有创造力。

二、突出一个"细"字

（一）细读品味

优秀而富有创意的教学设计往往来自于在细读文本上下足功夫，所以教材是第一手资料，用足教材，吃透教材，方能设计得精彩。很多年轻老师在备公开课时，只是考虑教师"教的活动"，而对学生"学的活动"考虑得少之又少。教学活动设计主要是设计"学的活动"，而不是"教的活动"，"学的活动"围绕教学点展开，力求丰富、多样。（王荣生语）因此，教师在细读文本之后，要在课堂上设计"学的活动"，带领学生细细品味课文，营造以"学的活动"为基点的课堂教学，使学生的语文学习更加细致，更加富有活力。

教师在细读文本之时，可以在文本的"空白点""奇异点""独特点"等细节点上挖掘，设计出能够激发学生探索欲望的问题，让学生在探索过程中，一路探究，最后豁然开朗。学生"学的活动"充分展开，才是学生"生命在场"的活力课堂。

比如《荷花淀》作为一篇小说，对女性的外貌描写是没有的。我们可以设置这样的"学的活动"：

（1）设疑：大家发现没有，对这一群美好的妇女都没有外貌描写，连名字都没有，你能用小说中的语言、动作等细节勾勒出她们的形象吗？作者有何深意？

（2）绘像：或勾画，或白描，画出她们的形象，进行个性化的解读。

（3）探究：虚化的人物与诗化的景有何关系？

实践证明，学生对探索新知、补充空白有着强烈的好奇心和浓烈的兴趣，师生对话可以逐步指向主目标。学生与文本的对话，与教师的对话，与生活的对话，是他们活力思维的体现。我们看一下《荷花淀》的课堂节录。

《荷花淀》节录一

师：孙犁的人物刻画省去了人物的轮廓，更省去了人物的五官和服饰，甚至连人名都省去了。用一些近似散漫却又所指很强的对话来勾勒人物，从而给读者留下许多再造性极强的飞白。

生：我认为水生嫂是干净、利落的形象，她代表了中国传统妇女的美好形象，具有美好的品质：勤劳淳朴，识大体。没有外貌描写，但从她的动作、语言可以看出来。

生：我勾勒出一个女性形象，而不是具体的一个人，我用荷叶、荷花来衬托，画的是一个背影。其实这个小说采用散漫式对话塑造人物，没有具体的外貌描写，就是为了引发读者的想象，有一种诗意美和朦胧美。

师：你认为虚化的人物和小说的诗意美、朦胧美非常契合，很不错的见解。

生：我画了"探夫"的情景。蒹葭苍苍，荷花亭亭。诗化的环境与虚化的人物融为一体，这是"荷花淀派"最大的艺术特色。作者没有正面描写战火的喧嚣，而是勾画出一幅特别诗意的景象，当外来侵略者想要打破这种美好的情景时，人们必定奋起反抗，诗意与战争形成强烈对比，具有艺术的感染力。

师：非常精彩的解读！破坏美与和平必会激起人们昂扬的斗志！

生：我画的人物没有具体的五官细节，还是虚化人物，我觉得给她们取上名字，比如翠花等，同样也会破坏小说这种诗意的美好。没有描写战火的喧嚣，只勾勒了几个女性的形象，但是她们不是几个人，而是一类人，代表坚贞不屈的中国女性形象，创造了含蓄的艺术美感。

师：同学们解读得非常精彩！她们继承了传统的美德，又有新时代的女性特点，是作者理想中的诗化形象，与诗化的环境融为一体。作者更多想表现的是一类人，一类像白洋淀青年妇女这样的人。由个性到共性：她们勤劳、善良、勇敢、机智、进步、识大体，是中国传统的美好的妇女形象，她们有着普通女性的夫妻情爱，同时也具有崇高的家国情怀，是作者理想中的妇女形象。淡化人物使其整体融入作品纯美的诗情画意当中，是这篇小说最大的艺术特色。

在备课时若能在文章的空白处、疑难处、奇特处进行有创意的教学设计，必能激发学生的思维，让他们积极主动参与课堂。一篇经典的文章不只一处精彩，沉入文本，静心挖掘，还会有更多精彩设计。抓住《荷花淀》的"诗化的景与人"又可以有另一种创新设计。

《荷花淀》节录二

师：开篇便以诗化的景衬托水生嫂的形象，皎洁的月光、洁白的苇席、银白的湖水、淡淡的薄雾，水生嫂就出场在这样诗意般的情境中。这些色彩和"干净"的院子搭配得特别和谐，一个清新宁静的世界。如果你是导演，会用什么色调来渲染场景？

生：粉白色，如荷花般的颜色，代表女性的温柔和安静。

生：银灰色，已是夜晚，繁星点点，铺垫宁静的夜有不宁静的事发生。

生：粉红色，女性的独立和柔和，默默地支持丈夫的工作。

生：水红色，女性的勇敢和智慧。

生：银白色，这么美好宁静的环境，怎能让战争的硝烟破坏呢?

……

学生已进入文本和情境，有了自己独特的言语表达。所以，教学设计要以学生"学的活动"充分展开为基点，学生学什么，怎么学，怎样学好，是教师首要考虑的问题。有了这样的设计基点，必能调动学生的积极性和探知的主动性。

（二）细致寻味

要使得"学的活动"充分展开，教师设计细致的活动很有必要，这里的"细致"主要指教学活动中具体而细致的操作。活动的设计定要给学生以支点和台阶，让学生伸伸手"够得着"，踮踮脚"摘得到"，让学生一步一个台阶，层层深入，直抵课文的重点和核心，获得学习上的成就感。

前面我们提到的《台阶》一文，设计的活动是拍摄场景和人物特写镜头，写人物内心独白台词，这些活动能引起学生的兴趣，但如何让学生结合文本，进入文本细致"寻味"？"教的活动"要细化，"学的活动"要更加细致，以便给予学生台阶和支点。

我们看看《台阶》的表格式教学活动设计。

教学环节	教师活动	学生活动
台阶一：凝望台阶，电影拍摄 【落点】 1.投影出示拍摄电影所需要素的表格。 2.提示人物、环境、情节选择的要点。 【方法】 默读、速读、师生讨论。	1.投影展示，引导学生从小说的环境布景、情节细节、叙事视角策划拍摄内容。 2.引导学生整体把握文章的内容。	1.根据投影中的表格要求默读文本，圈点勾画关键点。 2.根据要求，自读梳理。 3.根据表格提示，分享交流主要角色的选择，环境布景的还原，情节的开端、发展、高潮、结局如何，叙事角度的转变。

教学环节	教师活动	学生活动
台阶二：走近台阶，电影特写 【落点】 1. 聚焦父亲，体会父亲修建台阶的心路历程。 2. 采用提要钩玄的方法，把握叙事脉络。 【方法】 默读，师生对话。	1. 与学生展开问答对话，择机板书。 2. 全班巡视，了解学生在提取关键词句方面存在的问题。 3. 与全体学生一起听取学生的发言，并予以点评。 4. 根据投影提示展示主要描写片段。	1. 话题分享：我拍摄的特写镜头。 2. 学生默读、速读，提取文中描写父亲形象的关键句，还原当时的情境。 3. 结合关键词句，学生分享交流父亲修建台阶的心路历程。
台阶三：踏上台阶，配音独白 【落点】 小说结尾处，为父亲和儿子设计几句内心独白，体会小说意蕴。 【方法】 表达交流，师生问答。	1. 巡视，对小组个别学生相机指导、点拨。 2. 讨论点拨后，投影出示阿德勒《自卑与超越》中的核心语句。 3. 引导对话后，出示马斯洛的需求理论。	1. 结合文本和自己的体会，表达对父亲的心境和言行的个人见解。 2. 配音独白，写写独白台词，结合情境配音朗读。 3. 结合小说最后一句话，说说自我的体会。

（此表格受到丁世民老师的启发，根据王荣生教授的阅读教学设计样式设计而成。）

（三）细化体味

优秀的语文课堂有一个最大的特点就是具有"语文味"，有"语文味"的课堂必定是教师带领学生细读品味、细致寻味、细化体味的教学过程。学生是阅读的主体，学生面对一篇课文，有时理解不了、感受不到、体味不着，这和学生的生活经验与感悟能力息息相关。如何让学生理解、感受、体味文本的关键点，呼唤教师在做教学设计时引导和帮助学生建立与这一课的联结，采用适当的教学活动和方法策略，使得学生的生活体验、语文经验与课文的体验、经验建立联系，让学生获得"与课文相符合的理解和感受"。

为了唤起学生对课文的理解和感受，教师往往要创设易于理解和感受的情境，设计时为学生提供与课文能够建立联结的方式方法。语文教学，通常的方法是引导学生品味、锤炼语言，在词语里"出生入死"，在不断细读、品读的基础上细细体味，获得自己的体会和感悟。很多年轻教师在上语文公开课时活动很丰富，课堂很热闹，但是对语言的锤炼是不够的。细化体味语言是探寻文本的最佳途径。比如讲《桃花源记》时对"绝境"一词的解析，通过对这一"绝境"的品味、探究、领悟，从而体会作品的意蕴和作者的深意。又比如讲《台阶》时对末尾一句"父亲老了"中的"老"字的体会与挖掘等。通过品味、体会、寻味一个词或几个关键词而疏通全文，不仅使教学环节简洁明了，而且让课堂上出"语文味"。

让学生体味前，细化教学步骤和活动是语文学习的路径。多样化朗读、情境还原、背景再现、人物绘像、读写结合、以读促写、多媒体辅助、情境表演等都是通往语文学习的路径和策略。无论是通过哪种途径体味课文，都如王荣生教授所言，提取文本的关键点，明确课文的教学点，安排教学环节和活动，都要以学生"学的活动"为基点。细化"学的活动"，给予台阶和支点，方能激活课堂，让学生主动参与。比如如何细化体味《木兰诗》？对人物的解读除了读，还可以画，可以用个性化的语言来表达。

《木兰诗》的教学环节可以有三个：画出你心中的木兰、说出你心中的木兰及写出你心中的木兰，给人物绘像后，学生的解读让老师惊喜。

我们看看《木兰诗》人物解读的课堂节录。

男 人

生：木兰是一位巾帼英雄，她的独特魅力是"英勇善战"，她有男性的担当和霸气，在进行人生抉择时，男性荷尔蒙盖过了女性激素。我就画了她将军的形象。

生：木兰女扮男装，代父从军，经过了很长的心理斗争，"唧唧复唧唧"，当时对女性的定位有偏见，所以只能以男性身份出现。我就画了她喊"冲啊"的瞬间。

生：木兰在战场上英勇无畏，保家卫国，有男性的豪情壮志。我画出了她的"帅气"。

女 人

生：全诗以"木兰是女郎"来讲述木兰的传奇故事，虽是战争题材，但写得较多的却是生活场景和儿女情态。黑山头的情景，让我们看到了她的儿女情长。

生：木兰有女性的柔弱和悲伤，"但闻黄河流水鸣溅溅"，是木兰在流泪。

生：木兰在迪斯尼的电影里是一个活泼、可爱、调皮的女性，我觉得把木兰的女性意识表达了出来。她首先是个女人，是父亲的女儿，然后才是女将军。所以我要画"当窗理云鬓，对镜贴花黄"。

生：木兰其实是个悲剧性的女性，她的个人价值在那个时代只能用男性外貌来实现，她没有实现自我的可能。

男人？女人？

生："双兔傍地走，安能辨我是雄雌"，木兰有中性美，有男性的勇敢，有女性的妩媚。

生：木兰是敢于做自己的女子，归家后，她"脱我战时袍，著我旧时裳"。我要画的就是女装的木兰和戎装的木兰。

生：一半英勇豪迈敏捷男人心，一半爱美柔弱细腻女人心。

三、铸就一个"少"字

大多优秀的公开课课例，教学环节、活动、内容、语言都追求极简设计。反之，不太成功的公开课环节多、活动繁、内容满、语言杂。观郑桂华老师的《安塞腰鼓》，核心的教学环节就两个：一个是"圈出传递这种感觉更强烈的一些句子"，一个是"发现词语和句式的特征"以体会"感情与形式表达之间的关系"。就两个主要环节，给了学生思考的台阶，学生的思维就被激活了，课堂生成异常精彩。程翔老师的公开课《窗》，设计了几个有梯度的主问题：为什么说《窗》是小说呢？为什么这么虚构呢？为什么要虚构这篇小说呢？整堂课从"虚构"着手，分析小说中的"虚构"，引导学生理解"虚构"，主问题串连教学点，直抵小说的主旨——表现人性！教学内容相对简练、集中，教学环节简洁、清晰。

所以，优秀的公开课更多要铸就一个"少"字，学情准、内容精、构思巧、目标少、环节少、问题少，精讲少讲、引导点评、总结提升，创设"精""细""少"的活力课堂。

板书设计要好、亮、妙

板书是课堂教学内容的结晶，板书也称为"微型教案"。出色的板书能在课堂教学中展示篇章的结构、主题、重点、难点等，能直观形象地帮助学生理解、掌握教学内容，它与教师的讲解相互辉映，在课堂教学过程中起到画龙点睛、锦上添花的作用。在公开课中，板书设计要做到"好""亮""妙"，这样会让教师在公开课上熠耀出智慧的火花。要做到一"好"，二"亮"，三"妙"，我们可以从"图形"板书设计入手。

图形板书"好"在知识性与艺术性统一，"亮"在图形与文字完美结合，"妙"在思维与审美并举。

一、文题入手，图文并茂

《项链》的板书设计如下图：

我们可以看到这个板书设计的主体是一串钻石项链，由好几个"钻石"串成。左边的小钻石串起小说的情节：借项链—丢项链—赔项链—识项链，我们可以边回顾情节，边画一个小圈代表"钻石"，情节梳理就完成了。右边的小钻石串起小说主人公的心理：借项链的忧愁、丢项链的惊恐、赔项链的痛苦、最后一个小"钻石"是一个问号，引发学生思考和讨论。

很明显，这个图形板书把小说的主要情节、人物心理、人物形象凸显了出来，促进学生的理解和记忆，同时促进学生的思维发展。

但这个板书还没完成，随着教师的讲解，这篇小说的创造性解读出来了。教师用板擦擦掉副板书"虚荣""爱财""幻想"等词语，用彩色粉笔画成项链，圈住这些字眼：诚实守信、果敢坚强、敢于担当、追求梦想，在圈的末尾画上一朵钻石花，教师边画边小结：这串项链的价值就不仅仅是它本身的价值了，而是它焕发出来的更有价值的东西——拥有这些美好的品质，展现人性的优点。你佩戴这副价值连城的项链，会因为你的历练、你的成长而光彩夺目！请在最大的"钻石"下面写上"价值"。

这样的板书设计是一个充满生气的、完美的、整体的艺术构图。经过认真钻研教材，放手让学生带上自己的知识、思考、兴致发现课文中的关键点。此时教师不再是零碎地输出知识点，喋喋不休地渗透情感价值观，而是将重点和情感态度价值观巧妙地融入图形板书中。

部编教材中有很多课文可以设计图形板书，激发学生的兴趣。这类板书设计可以先用精炼的词语对教学内容作高度概括，其后或是在对段落大意归纳的基础上加以整理，或是总结写作方法、标示主题思想，或是突显文眼。板书时有意按一定的顺序书写（图形设计），最后以简单的线条勾勒，使所书写的文字巧妙地连接成一幅与课题相关的图画，从而形象地展现教学内容。这种板书常常因起初的有意零散使学生倍加关注，最后又因意想不到的勾连使学生豁然开朗，博得学生会心一笑，让人感觉甚好，也让人眼前一亮，教学艺术因此巧妙产生。

《醉翁亭记》的板书设计如下图：

与民同乐

醉景 醉人 醉情

心怀天下

高度凝练的概括，清楚完备的分析，都巧妙地幻化成眼前"亭子"的门窗和屋瓦，这样的创意怎能不引起学生的兴趣？教师还可以在此基础上创造色彩美。教师板书时，应有意识地根据学生的视觉心理特点适当运用色彩变化，以达到出奇制胜的效果。这样知识的学习、审美的情趣全融汇在这板书中了。

二、文旨入手，图文结合

《与朱元思书》《答谢中书书》《三峡》《小石潭记》，都是山水美文，将奇山异水写入一幅半掩半舒的山水画卷中。如《与朱元思书》，让学生朗读多遍后，找出山水的总特点，然后描绘事物各自的特点。问学生会用什么形式展现这幅美景，学生有的说画卷，有的说折扇。将板书画成画卷和折扇，学生兴致盎然，将重点填入当中。《与朱元思书》《答谢中书书》还可以设计成一封书信，"书"的含义、"书"的内容、"书"的情感也就在板书中书写出来了。

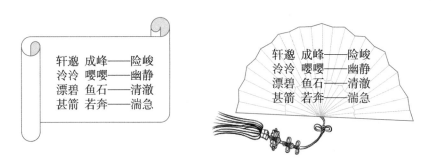

从文旨入手，关键在文本解读，教师要多读文本，读出自己的独特见解。文本解读不同，板书设计也不同，创意点也就各放异彩。可从《湖心亭看雪》一文中提炼一个精炼的字"痴"，以"痴"为文眼，概括出张岱的"痴行""痴景""痴情"。天地之间白茫茫一片，一切是那么静谧，而人是那样的渺小，此时此景，怎能不让张岱思绪万千！结合文义再用一个字来形容张岱在冰天雪地中的心境，学生自主探索，推选出最佳的"一字入心"上台展示并解读。

教师可以随着学生的解读，用六边形框住"痴"字，从六个角画出雪花的轮廓，把重点字填入其中。张岱的"痴"犹如一片飘落天地的雪花，孤独落寞，清雅绝俗，遗世独立。这片雪花定然飘落学生心中，审美与思维并举，激起悠长涟漪。

《湖心亭看雪》的板书设计如下图：

《热爱生命》中的"这个人"经历了饥饿、恶劣的天气、个人体力的极度虚弱、伤病以及野兽的威胁等。在这个过程中，通过品读精彩的心理描写，"这个人"坚忍顽强、不畏艰难险阻的强者形象跃然纸上。不屈的精神意志源于对生命的热爱，每一个生命的强者，都在历史的深处无言地启示着我们：面对人生的不幸和苦难，唯有"扼住命运的咽喉"，不轻言放弃，奋起抗争，勇于拼搏，才能创造人生的奇迹、才能让"生命之舟"有不竭的动力！

《热爱生命》的板书设计如下图：

热爱生命

坚忍顽强、
不畏艰难险阻、
惊人意志力

生命之舟

　　这个图形板书不仅把主人公的形象特点鲜明地展现在黑板上，而且"生命之舟"这个图形使得情感目标渗透到每个学生心中。它就像一个鲜活的生命教育的风帆，在乘风破浪中激活了师生的生命活力！这是一节充满生命激情的课堂，它给予学生的不仅仅是知识，更是生命的浸染和熏陶！

三、文字象形，图文创意

　　我们可以结合课文内容，抓住课文的文眼，提炼出一个最精炼的字，借"象形"适当变形，形成图形板书。

　　《五柳先生传》一文中出现了九个"不"字，可以把"不"字作为全文的一个文眼，串联起整篇文章。结合汉字的书法艺术，展现给学生一个大大的"不"字。"不"是陶渊明精神气质的真实写照，是他对黑暗现实社会的否定，也是对自己淡泊名利、安贫乐道品质的最大肯定。而"不"的小篆字体也很像插图中陶渊明的形象特点，"短褐穿结"的形象一目了然。板书中大大的"不"字也让本课的重难点深入学生心中，陶渊明的精神气质也随着这个图形板书进入学生的心灵！

　　《五柳先生传》的板书设计如下图：

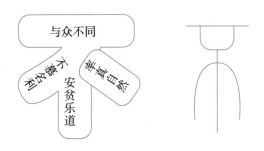

教学《小石潭记》，要抓住一个"清"字，让学生欣赏这篇美文。这个"清"字，是这篇文章中含义很丰富的一个关键字眼。从欣赏清幽的景物到感受柳宗元凄清的心境，一个"清"字，串联起全文，一气呵成。随着老师的讲解，水之清冽、石之清凉、树之清秀，用高度凝练的一个词写在"情景交融"的左边，小石潭给人清冷、清静、清幽的感受相对应写在"情景交融"的右边，词的位置有意为之，写在特定的地方，最后用线条勾画出一个艺术体的"清"字，让学生印象深刻！学生对这篇文章的主旨也是很清楚了！教学内容、审美、教学艺术全融汇在这个"清"字中了。

《小石潭记》的板书设计如下图：

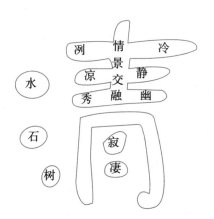

孙犁的《荷花淀》，从文中随手拈来一段都是一幅美景。对荷花的描写，写出了美的形态，全篇有了美的意境、美的人物、美的情感、美的心灵，读来心中一片美好。我们可以提取一个"美"字，高度概括出"三美"：环境美、人情美、情感美，用粉笔勾画成一个"美"字，形成图形板书。

《荷花淀》的板书设计如下图：

教师通过自己对教材的挖掘和理解，结合学生的学情，把教材的重难点高度概括出来并体现在板书上，同时激起学生的兴趣，使学生大脑皮层受到刺激，留下痕迹，把知识储存起来，即使长时间过后，把文字忘了，也可凭借图形特征，唤起再现性思维，把信息从头脑中提取出来。

四、文笔勾画，图文鉴赏

《海燕》用了象征的写法，塑造了海燕这个鲜明的形象，反面形象有企鹅，还有自然界的事物如闪电、乌云等。可以用简笔画的形式画出它们的形象，再配以文字讲解课文。边讲边画，让海燕这个主形象特点鲜明地展现在黑板上，给学生直观的印象，并请学生画出乌云、闪电、波浪，共同完成这幅"社会风云图"。这种师生互动，有利于学生理解课文，促进教学的有效生成，还提高了学生的审美意识。正如朱绍禹先生所说："板书能点睛指要，给人以联想；形式多样，给人以丰富感；结构新颖，给人以美的享受。"

《海燕》的板书设计如下图：

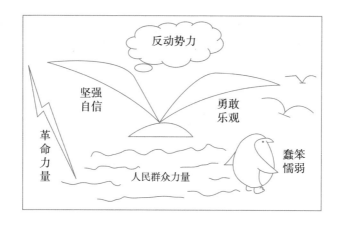

　　《使至塞上》当中出现了一系列的意象，学生跟着音频朗读全诗，用笔圈出意象：征蓬、归雁、大漠、孤烟、长河、落日。教师可以在黑板上用不同颜色的粉笔以简笔勾画出这些意象，用线条和意象连成画面，形成板书。通过构图设计，形成一幅独特的塞北风光，有广阔的大漠、曲折的河流、北归的大雁、殷红的落日，在雄浑壮观的景色中，诗人的情感得到陶冶、净化、升华，产生慷慨悲壮之情，显露出豁达、超然的心境。

　　板书设计相当于微型教案，图形与文字相结合，重点突出，具有美感和诗意，又让"意象·意境·情感"的诗歌品读方法深入学生心里。

　　从视觉和鉴赏角度，理解王维"诗中有画"的艺术特色，走进王维的内心世界。《使至塞上》的板书设计如下图：

《秋天的怀念》当中以看菊花为线索，结尾处点到菊花，这是母亲的象征，也是对母亲和生命的赞颂。对母亲的理解，是史铁生的生命之源，他懂得"好好活儿"的深刻含义，像母亲希望的那样，像菊花般经历风霜仍有顽强的生命力，活得精彩，活得奔放，活得泼泼洒洒。板书可以用"菊花"串联文本，把菊花象征的品质写在花瓣上，紧紧簇拥着一颗"心"，花心里包含着母亲朴素的品格。

《秋天的怀念》的板书设计如下图：

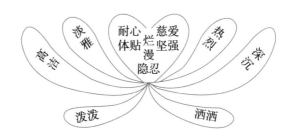

我们根据文本背景，借用事物的意象内涵，并赋予它"具体而微"的含义，那么"微型教案"显现出"微言大义"就水到渠成了。很多课文都可以根据文义、文笔勾画出物象，浓缩提炼文字，形成别具韵味的图形板书。

《荷花淀》的板书设计如下图：

这种板书的独特审美价值是教师利用形象化的手法，按照形式审美法精心设计而实现的，因而给予学生的是美的视觉和美的感受，学生的审美情趣也得

以提高。板书设计不仅是一门技术，更是一门教学艺术，这也符合新课标"进一步提高学生的语文素养，使学生具有较强的语文应用能力和一定的语文审美能力、探究能力"的要求。

五、文脉连接，图文贯穿

文脉，是文章的命脉，抓文脉就是循着作者的思路，依据文本理解揣摩作者的意图，梳理文章脉络。抓住文脉进行分析，可以凸显文章主线，抓住文章脉络并以此为突破口，可以提高文本感悟的深度、广度。教学时，可以从抓词眼、抓句眼到抓段眼，层层深入，有效帮助学生理清文章脉络。板书时，可以采用文脉连接的方式，或折线、或圆形、或坐标、或环形等进行构图，这样可以促进学生理解和记忆，启迪学生智慧，延伸学生思维，也给学生以美的熏陶。

《荷塘月色》行文思路是一个圆形结构。通过抓住作者的游踪线索、心理线索，分析本文整体外部结构、局部外部结构及内部结构的圆形特点，我们的板书可以设计成一个在结构上内外一致的圆形。

《荷塘月色》的板书设计如下图：

这样的圆形板书结构，既抓住了明线和暗线，摒弃了过多的烦琐的分析，又有利于学生对文章的深入理解：现实世界造成了朱自清内心的不宁静，在荷月世界获得暂时的宁静，这是理想的世界，然而终归是要回到现实的，回"家"是必然结局。我们可以给心灵找到家园，但还要坚强面对现实，让我们

的心灵不在现实的苦闷中沉沦。

记叙文体可以抓住叙事线索，散文文体可以抓住写景和抒情的线索，说明文体可以抓住写物的顺序线索，议论文体可以抓住说理的线索。理清文章的枝干，梳理了脉络，板书起来也会得心应手。教学论认为，教学是师生双向互动的过程，教师在课堂上努力利用一些活的资源，形成新的又具有连续性的兴奋点和教学步骤，学生再一次饶有兴趣地展开探究，如此循环，教学真正成为高效互动的过程。

于漪先生执教《变色龙》时的板书设计采用了折线连接的方式。她在《教学后记》中说："板书设计主要考虑用两条线来表示多变的现象和不变的本质，没想到学生对板书提出异议，认为随着故事情节的发展，主人公在'变'的进程中也在变化，不应该用等距离的波峰波谷表示，应该频率越来越快，距离越来越短，这样才能活画出这个势利小人的卑鄙灵魂。"《变色龙》的板书设计抓住了关键词"变"来做文章，什么在变，什么不变，既抓住了文脉，又深化了对文旨的理解。这个板书设计还教会我们一个教学艺术——"随机应变""因势利导"，板书设计也要依据教学实情灵活应变。

于漪先生《变色龙》的板书设计如下图（有改编）：

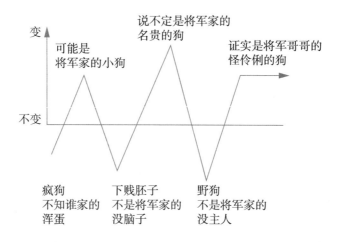

在这众多的板书形式中，图形板书的主要优势就在于它应用范围上的广泛性、使用上的整体性、视觉上的美观性、运用上的有效性。它把生动活泼的图

像与教材内容结合在一起，使单调的讲解趣味横生，学生在记忆时能够把教师所绘图像与课文内容紧密相连，帮助学生理解文章。它借助美学因素，集板书设计的科学性、凝炼性、启发性、实用性、形式美于一体，能够激发学生的兴趣和内驱力，启迪学生的思维，培养审美情趣，促进师生互动，让师生具有更多的创造意识。

板书是教师教学风格的浓缩，在教学手段多样化的今天，电脑信息技术广泛应用，但板书和板画是教师的基本功，我们教师仍然要在黑板这块沃土上栽种出绚丽缤纷的花朵。青年教师若能从科学性、艺术性、思维性、审美性等角度精心设计板书，那么，美好的精彩对话就在板书中，闪亮的教育火花就在板书中，巧妙的教学智慧就在板书中。

第二节
公开课教学设计及评析

"色彩与情感"
——《背影》公开课教学设计

授课地点：福建省厦门双十中学　　授课教师：陈志红

教学设想

　　《背影》是朱自清的名篇，主要从"四次流泪""四次背影"体现父子之间难以表达的情感。《背影》当中凄清、炽热、惆怅、悲怆的意境，以及以"背影"为主体意象所展现的父子间浓烈复杂的感情，如何解读并呈现？本课从"背影"这个意象开拓出广阔的审美想象空间，借助拍摄电视散文镜头开展活动，通过"寻找色彩，整体感知""阐述镜头，品味细节"的活动形成任务驱动，让学生在活动中整体感知，品味细节，在教师的引导下能够借助背景资料和对文本的分析，感悟到父亲的慈爱和迂执、艰难和努力、困顿和挣扎，也能领悟儿子的感动和忏悔、理解和思念。

教学目标

　　（1）寻找色彩，整体感知，体会朴实语言叙述的主要事件。

（2）阐述镜头，体味洋溢在字里行间的人间至情，感受父子间深沉复杂的感情。

教学准备

借助工具扫清字词障碍，自主朗读，画出关于背影的关键词句。
观看教师发送的《背影》电视散文视频。
搜集关于本文创作的背景资料。

教学课时

两课时

教学过程

导入：中央电视台有一个经典的电视散文栏目，通过至美的镜头展现至纯至善的散文名篇。今天我们重读经典，如果让你为本篇散文拍摄镜头，你会如何处理？让我们从了解作者和创作背景做起。

学生活动。学生展示 PPT，简要讲解作者以及创作缘由。

教师活动。拍摄要点提示：以四次"背影"为主要意象镜头，找出文本依据，为镜头搭配主体色彩体现意境。

活动一：寻找色彩，整体感知

活动任务：找出课文中关于色彩的语句，你会选择哪一种颜色来形容这篇文章？从文中找出依据，说出理由。教师适时点评和引导。

个人展示：

生：我觉得应该用灰色，文中写到"家境惨淡、父亲赋闲、祖母去世、父子双双为之奔丧"。作者此时的心情十分伤感，因此，文章的基调是悲哀的灰色。

生：黑色也可以，奔丧，而且父亲穿着的就是黑布大马褂。

生：我觉得应该用红色，父亲为孩子爬上月台买橘子，作者落泪。我们不仅看到了父亲爱孩子，同时孩子也对父亲有深深的爱，两种情感交织在一起，热烈、深沉、感人！

生：我觉得不应该用大红色，用暗红比较符合这篇文章的意境，因为父子二人的情感交织在一起，就像两种色彩混合在一起，是难以言喻的暗红色。

生：我认为可以用深蓝色，蓝色是忧郁的，有些伤感但又让人有所希冀。文章开始提到家境很惨淡，让人很伤心，心情必定忧郁，非蓝色形容不可，但是后来父子情深，矛盾缓和，用蓝色最适合了。

生：我认为用暗紫色很好，因为紫色也有伤感的情愫，只是淡淡的忧伤，更多的是父爱的温情。作者穿的是紫毛大衣，而他的父亲穿的只是黑布衣服，两者对比之下父爱更显深沉内敛，让人感动。

生：我认为用夕阳红来渲染分别时的情景很合适，有离别的感伤和无尽的不舍。

……

师：借助颜色，大家共同完成了对课文的感知，不得不说，你们对文本的分析有自己独特的理解。色彩学其实很深奥，初级的直觉中只有红、绿、黄这样直观的颜色，而高端的品位里会出现墨绿色、秋香色、琥珀色这样具有情感的颜色。大家能用不同的色彩，解读父子间细微、不易捉摸的情感变化，实属难得。

活动二：阐述镜头，品味细节

活动任务：本文抓住父亲的"背影"，先后四次进行了点染和刻画，大家能用四个电影镜头深入分析"背影"的内涵吗？小组合作，分角色完成任务，阐述镜头拍摄要点，朗读相关片段。

（1）找出描写背影的片段，在"背影"前加一个动词作为镜头的小标题。

（2）结合文本，说说你的镜头的细节（语言、动作、神态、外貌等）如何拍摄。

（3）为镜头搭配主体色彩以体现意境，结合背景材料说说理由。

小组展示：镜头一：凄清的意境，惦记背影。

镜头二：炽热的意境，刻画背影。

镜头三：惆怅的意境，惜别背影。

镜头四：悲怆的意境，再现背影。

小组阐述，教师引导修正。

镜头一：凄清的意境，惦记背影（灰色）

生： 镜头中是灰色的画面，空荡荡的房子中父子俩拍拍对方的肩膀，用衣袖擦拭眼泪。

生： 文章用寥寥数笔勾勒出当时家中的惨淡光景，灰色的基调，灰色的人生困境，写出了困境中父子间的深情。

（配乐朗读第二段。）

镜头二：炽热的意境，刻画背影（橘色、暗红）

生： 镜头中父亲穿戴黑色、深青色服饰，神情忧伤，走路的姿势蹒跚，镜头拉远拍摄父亲爬月台时的动作：探、攀、缩、倾。再拍摄一个近镜头，"我"落泪的画面，两个镜头一远一近，形成感人的视觉效果。

（教师引导学生抓住具体动作进行阐述。）

生： 可以用慢镜头，因为无物可抓，只能用手按住，然后用力支撑起身体向上"攀""缩"，这需要力量，而一个上了年纪的父亲，这一"攀"一"缩"是多么的令人揪心啊！"倾"字表明父亲要爬上月台十分艰难，但又十分努力。这是一个艰难的背影！

生： 情景交融，镜头一中的灰色调式也由此转为能表现炽烈情感的橘色，这种橘色不是艳丽的红色，而是父子亲情交融式的调和色，是暗红。

（配乐朗读第五段。）

（活动引导，提出问题。）

师：父亲的背影并不高大，语言也不漂亮，与以往影视中的父亲高大威严的形象相差太大，为什么能打动人心？（提示：抓住父亲的四句话，结合背景资料说出自己的理解。）

生：质朴的话语更能见真情。

生：我们的父亲都是不完美的，这样更能引起共鸣。

……

师：朴实的话语，其实是中国式父子之间难以表达的深沉；父亲身处困境仍然想着安顿好儿子；父亲买橘的动作可以说得上是丑的，不协调的，但是现实中很多父亲就是不完美的，生存的困顿和爱难以言表的情形，很多时候是人生的常态。这是纪实性回忆散文，现在作者已经为人父，所以想来更能感动于心，写出的文字更能打动人心。

镜头三：惆怅的意境，惜别背影（渐变蓝色）

生：用动画画面来展现背影的隐没，父亲的身影慢慢地越来越小，直至混入人群，画面转为熙熙攘攘的人群。

生：蓝色代表着忧郁，可以很好地体现离别情感。镜头三的蓝色是渐变色，体现了"我"内心情感细微、不易捉摸的变化。

（配乐朗读相关语句。）

镜头四：悲怆的意境，再现背影（淡紫色）

生：近镜头是"我"读信流泪，特写摘下眼镜，擦拭眼泪，一滴泪无限扩大，镜头转换到父亲那肥胖的、青布棉袍黑布马褂的背影。

生：背影再现时，作者想起父亲的种种，不禁悲从中来，紫毛大衣与父亲的黑衣形成对比，紫色之悲怆，令人感动。

（配乐朗读最后一段。）

（活动引导，PPT展示父子俩的恩怨年鉴图。）

师：这个镜头是"我"虚写的背影，意境更加悲怆，除了思念，"我"对父亲还有哪些情感？结合父子俩的恩怨年鉴图，小组讨论作者当时复杂的心境。

小组1：不相见两年多，是因为父子间有嫌隙，有矛盾冲突，我回家两次，父亲都不理，中国传统伦理是儿子必须听父亲的，父为子纲，现在父亲放下身段缓和关系，给我来信，我内心感动，也有对父亲的理解和思念。

小组2：父亲少年独立，外出谋生，现在晚境颓唐，想到这凄凉之景，远在异地的儿子对父亲产生了深深的牵挂。

小组3：年轻时不懂事，觉得父亲迂腐，不理解父亲，心中的悔恨、愧疚、怜惜一并在心里不断翻腾。

小组4：父亲纵然有很多的不美好的地方，但他始终是父亲，始终会牵挂儿子、孙子，这就是血浓于水的亲情，已为人父的作者明白了父亲的不易，酸楚、感伤、凝重一并涌来。

小组5：这是与父亲和解后的释然，是与父亲和解，也是与自己和解。这当中有矛盾、有挣扎、有等待、有压抑，这就是千千万万中国式父子的情感表达。

活动效果：《背影》是父爱名篇，如何让"情动于中而形于言"的文章来震撼学生的心灵，达到"以人为本，教文育人"的目的，还要学会真实刻画既熟悉又陌生的父亲，避免出现父亲形象"千人一面"的情况，对于还没有足够人生体验的初中生来说还是很困难的。所以，我在处理教材时精心设计，通过"寻找色彩，整体感知""阐述镜头，品味细节"的活动形成任务驱动，让学生在活动中完成对文本的解读，在活动中激发学生将个体体验、思考与文本联系起来，让他们的心与文本产生共鸣。课堂上学生用色彩解读文章，让我惊喜，好几次想一股脑地将答案全盘说出。令我更惊喜的是，学生积极表达见解，把我想说的都表达了出来，也让我与学生的思维碰撞出火花。"寻找色彩，整体感知"的活动，不是让学生凭空说话，而是要结合文本找依据，要有理有据，更重要的是让各个层次的学生都有话可说。本来"阐述镜头，品味细节"的活动并未让学生搭配画面颜色来说，但是受到课前的资料搜集和活动一的激发，学生进一步运用色彩学，让本来只可意会不可言传的意境直观地表现出来，学生的感悟由表及里、由浅入深，达到了文学接受高潮理论中的共鸣和净化，没有比精彩的生成更令教师惊喜的了。

活动评价：精心的活动设计，适时的教学情境创设，四个镜头用不同颜色来渲染，借助电视散文般的镜头，让学生走进所创设的情境，更能激起学生与作者情感的共鸣。在教学过程中教师只要引导得法，学生可以随时吸取养分，学生对文本的个性解读定会出现精彩的课堂生成。

要有双明亮的眼睛

在厦门双十中学工作时，每一位青年教师都会经受"推门"课的磨炼，这是一种常态化的公开课，随时推门，随时听课。当评委和老师们推门时，我正在上《背影》。《背影》是朱自清的名篇，很多优秀的教师对这篇课文都有精彩的讲解和深入的研究。作为一个刚刚工作一年的教师来说，要想在这篇课文上有所创新是很难的，能够把重难点讲清楚就很好了。老教师劝我就按照老方式讲就可以了，至少这样不会出错，最多被说是没有新意。我也想听从意见，但还是想起新教师培训时教研组长说的话："你至少要上一堂独具特色的课，这堂课日后被提起时，就只有你能上得出彩。"这句话时时在我耳边响起，我一直认为，要把课上得精彩，教师就要有一双善于发现的眼睛，发现课文的教学点，发现文本的新奇点，发现学生的闪光点。

一、发现文本的"眼睛"

电影导演张艺谋在拍完《千里走单骑》后说，高仓健是"唯一一个能用

'背影'演戏的人"。高仓健的背影极具表演力和震撼力，而他的表演又非常内敛，即使是"哭戏"，在高仓健那里，都变成了不掉眼泪的"心在哭泣"，震撼人心。朱自清和他的父亲用"眼泪"和"背影"演绎了质朴与感动、炽热与惆怅。每个文本都有它的"眼睛"，透过这个"眼睛"能探寻其内在的情感。

文章的标题是"背影"，父亲给作者留下深刻印象的也是背影。背影在文中多次出现，可以视作贯穿文章的主线。"背影的表现角度能集中反映出描写对象的内在精神"（凌焕新），分析课文时，抓住背影，也就抓住了理解本文的关键。多年来，大家都喜欢从这一角度入手来解读这篇文章，这是个不错的切入点，但我们不仅要发现文本之内的信息，还要发现文本之外的信息。所以，在聚焦"背影"这一情感点的同时，还要关注"背影的背后"。"缀文者情动而辞发，观文者披文以入情。"在第一次讲这篇文章时，我只从"背影"解读出父慈子孝的情感，但当我们关注背后的写作缘由和背影背后的故事时，就会发现这种解读是很片面的，也不能真正了解作者的心境。文章当中朴实的话语、生存的困顿和爱难以言说的情形，其实是中国式父子之间的相处常态，父子间的矛盾、对峙、隔阂、深情交织在这一离别的"背影"中，多年后，父亲的来信谈到生离死别时，"我"才幡然领悟。有了真切的感受融入文本中，读起来才凄切动人。在第二次讲这篇课文时，我已成为母亲，将自己的生命体验倾注到课堂中，课堂又有了新的生命力。

所以，公开课不是课堂的结束，而是开始，语文教师要不断地发现文本的内在与外延，不断融入生命体验，才能不断创造富有生命活力的课堂。当教师拥有善于发现的眼睛时，会发现很多素材都能为我们所用。当我第三次讲《背影》时，我发现了余秋雨的"情感直觉造型"理论，余秋雨认为"背影"就是一个"情感直觉造型"，即用文字雕塑一个形象，这一"情感直觉造型"通过延宕与放大，成为情感与文字间的桥梁。这一发现，让我再次改进了教学设计。这一次的改进不仅吸引了学生的"眼球"，也着实吸引了听课老师的"眼球"。

二、吸引听众的"眼球"

发现归发现，如何让学生真正走入这篇"情郁于其中"的散文？在教学策略和活动预设上还得下一番功夫。"情动于中而形于言"，要让学生走进文本，就必须老老实实地遵循阅读的规律，引导学生从文章的语言文字入手，逐步深入文本，进而把握文章的思想内容和人文因素。但若是采用传统的提问方式：你看到了怎样的背影？通过背影你探究出什么情感？这样的提问显然不能激起学生的探索兴趣，也是大而空洞的问题。我在处理教材时精心设计，以"背影"为切入点，通过"寻找色彩，整体感知""阐述镜头，品味细节"的活动形成任务驱动，让学生在活动中完成对文本的解读。借用文学理论中的"意境说"及电影与文学的关系，重点分析了"四次背影"，培养学生的感悟能力。"意境说"对初二的学生来说很难，但借用电影的表现方式，学生理解起来便容易多了，"意境说"激发了学生的想象能力和感悟能力。

这堂公开课一开始通过"色彩"完成了整体感知，接下来教师抛出问题：本文抓住父亲的"背影"，先后四次进行了点染和刻画，大家能用四个电影镜头深入分析"背影"的内涵吗？小组合作，分角色完成任务，阐述镜头拍摄要点，朗读相关片段。这个活动让学生和听课老师产生了浓厚的兴趣，课上课下引起热烈的讨论。

纵观四次"背影"，可以有以下四个电影镜头。根据学生的叙述，师生共同设计板书。

镜头一：凄清的意境，惦记背影。

镜头二：炽热的意境，刻画背影。

镜头三：惆怅的意境，惜别背影。

镜头四：悲怆的意境，再现背影。

学生用颜色来渲染这四个镜头，他们分别选用了灰色、橘色、渐变蓝色、淡紫色来对应每种意境。以"意境说"和"色彩镜头"探究父子幽微、复杂的情感，再插入父亲买橘的特写镜头，让学生的感悟由表及里、由浅入深，达到了文学接受高潮理论中的共鸣和净化。

通过屡次发现和多次改进，我有了许多的收获：在语文教学中，教师要完成从教什么和怎么教到怎样激发学生的学习积极性和主动性以及怎样才能最有效地帮助引导学生展开自主学习的重大转变。吸引学生的"眼球"，激发他们的兴趣，使他们爱上语文，在探究语文中得到人格上的提升和心灵上的净化，是语文教师最高的追求。当你拥有这样的高追求时，你也会吸引具有相同情怀的语文教师的"眼球"。

三、捕捉学生的"眼神"

上这堂公开课，我特别庆幸自己能够等待学生的回答，能"眼观八方"，尽量关注不同层次学生的眼神。比如学生用"色彩"感知文本时，我只预设了黑、灰、橘、紫四种颜色，当学生说出这四种颜色时，我就想小结，还好环视了课堂，发现学生还要表达，于是放缓了课堂节奏，让学生继续发表见解。结果学生说出了更丰富的色彩，夕阳微红、渐变蓝、调和橘、凝重紫……这些色彩不仅走进了作者的心境，同时把"背影"这个意象聚集的"忧郁、凝重、滞涩、惆怅、酸楚、感伤"这些复杂的情感一并显现了出来。朱自清说"我的颜色永远是灰的"。学生说出来的调和、叠加的色彩是以黑灰色为基本色调，非常吻合作者悲怆、难以言说的心境。

再有，当学生分组说出"电影镜头"时，我正要把我预设的分析一股脑地倒出来，但我再次回望了学生的眼眸，一个学生直视着我，直接站起来说："老师，这四个镜头可以用不同颜色来渲染，以此来对应每种意境。镜头一，文章用寥寥数笔勾勒出当时家中的惨淡光景，灰色的基调，灰色的人生困境，写出了困境中父子间的深情。"我惊叹他的文本解读，更欣喜于他与上个教学环节的衔接，更重要的是他再次激活了课堂，学生们的回答异常精彩。

"镜头二，情景交融，镜头一中的灰色调式也由此转为能表现炽烈情感的橘色，这种橘色不是艳丽的红色，而是父子亲情交融式的调和色，是暗红。"

"蓝色代表着忧郁，可以很好地体现离别情感。镜头三的蓝色是渐变色，体现了'我'内心情感细微、不易捉摸的变化。"

"背影再现时，作者想起父亲的种种，不禁悲从中来，紫毛大衣与父亲的黑衣形成对比，紫色之悲怆，令人感伤。"

原本只想让学生解读人物情感，学生却在阐述四种意境所营造的情境时，借助彩色镜头完成了对文本内涵的探究，没有比精彩的生成更令教师惊喜的了，而这种惊喜来自教师不断地发现和动态地捕捉。要实现"以人为本，教文育人"的教学理念，教师就要有一双明亮的眼睛，去发现、去欣赏、去捕捉、去激活，不断累积生活素材和生命体验，然后你会发现所想、所学、所见都能为课堂所用。

四、擦亮自己的"双眸"

上这堂公开课，我还有一个更深远的思考，我的公开课还处于精巧设计的阶段。读到张文质老师的《教育的勇气：张文质和青年教师的谈话》，当中提到成熟型具有"中年气质"的教师在课堂上能融会贯通、兼收并蓄、信手拈来，能从容地与学生展开对话，师生的对话会碰撞出智慧的火花。这种与学生对话的展开式的课堂，更需要老师自身的底蕴和深厚的专业素养，也需要老师有灵动的思维、深度的灵魂，才能让学生置身于有灵气、有趣味、有探索的语文课堂。

我还没有达到灵动驾驭课堂的阶段，不过我想以此为目标提升自己课堂的境界，以教师自身的底蕴和底气来重塑课堂。我期待自己在课堂上更从容，不会担心学生有任何问题，甚至更期待学生提出问题，更期待出现课堂意外，而我能够有一种随机生成的智慧来驾驭这个课堂。

教师需要有这种自我觉醒和对灵动课堂的追求。可能年轻时，精巧的设计是你的课堂呈现，随着时间的沉淀，生命的历练，你会越来越成熟，也会越来越从容，驾驭课堂的能力也会越来越强。这时，你需要提升课堂的境界，不再刻意追求精巧的构思，而是追求自身素养的提升，更多关注学生语文素养的养成，期待课堂精彩的随机生成。当我们擦亮自己的双眸，会发现这种生命在场的课堂更具有灵气。

抓住"色彩"巧设计，彰显"语文"新生命

《背影》是一篇经典美文，情感丰富，意蕴深远，深得人们喜欢。无论是过去的不同版本的语文教材，还是现在的全国统编教材，都有《背影》之倩影。因为经典，老师们常拿它上公开课。因为展示的人多了，想要上出新意来，就更不容易了。

陈老师基于她个人的智慧，选点精妙，切入精准，巧抓"颜色"这一关键点，让学生深入文本，反复咀嚼、体味洋溢在字里行间的父子深情。学生读得有趣有味，观者也心适意得，是一节有创意的好课。

在整体感知课文部分，陈老师巧用"颜色"设计了第一个思考题：找出课文中关于色彩的语句，你会选择哪一种颜色来形容这篇文章？从文中找出依据，说出理由。没想到，这一石就激起了千层浪，学生有的说应该用灰色，有的说是红色，还有的说是蓝色、紫色……各抒己见，气氛热烈。学生的思维被激活了，课堂一下子就变得很活跃。无论学生说哪一种颜色，陈老师都不是简单地给予肯定或否定，而是耐心引导学生深入文本，找出依据。这样，教师为学生营造了细腻的情感氛围和审美空间，引领学生沉潜于文字内部，在文本中反复穿行。老师将文中的情感因素传递给学生，帮助学生将情感因素与智力因素结合起来，让学生在阅读中不断丰富自己的精神世界，提高语文素养和生命品位。

更妙的是，当学生多角度解读了文本蕴含的情感后，看到学生意犹未尽，老师又乘势追问：本文抓住父亲的"背影"，先后四次进行了点染和刻画，大家能用四个电影镜头深入分析"背影"的内涵吗？学生兴致盎然，或讨论，或合作，或表演，小组探究活动真实有效。惦记背影—刻画背影—惜别背影—再现背影，学生准确说出了四个镜头的内涵和作者的情感变化。因为设计电影镜

头这个情境激起了学生的兴趣和情感共鸣，学生在活动中获得了美的体验，于是有同学大胆提出，可以再用不同颜色的变化来渲染这四个镜头，以此探寻文本丰富的情感内涵。学生发言踊跃，通过模拟情境在"看中学""想中学""议中学"，成为了课堂的主人，这种以境育情、以境促思的方式，让学生在交流中获得了"生生互动，师生互动"的真实体验。这种以"思"启迪学生智慧的方式，让学生在表达、展示、创造中享受着语文学习的幸福，也让我们看到了语文课堂的新生命。

吴秀菊

中学语文高级教师、福建省语文学科带头人，福建省厦门双十中学

始于精心，成于精彩

语文课堂经典作品的教学，应从知识的人本化和学习的人本化出发，引导学生发展个性，舒展自我。从内在学习、意义学习和自发学习出发，以生命活动为本质，以情感意志为动力，把着眼点放在"学"的研究和指导上，强调自主、合作和探究，鼓励大胆的发言，倡导多维互动的活动，唤起学生内在的精神动力，从而让学生愉快地、创造性地学习。陈志红老师精心设计的《背影》一课，正用这种"正确的打开方式"，生成了精彩的课堂，让我们眼前一亮。

一、以色彩剖文，让课堂充满情感的灵动

朱自清的《背影》是一篇经典的回忆性散文，触碰作者心灵深处的情感贯穿全文始末。教授这篇课文时，教师要引导学生于朱自清朴素而又深沉的文字

中感悟其真挚而又细腻的情感。需要注意的是，引导学生探究作品，对文本蕴含的深刻情感进行挖掘，不能脱离文本，随意而行。如何做到拉近学生与文本的距离，引导学生深入文本探索，同时又能激发学生探究文本的兴趣，产生情感共鸣，这很考验一位语文教师的课堂设计智慧。

陈志红老师这一课，将剖析文本的语境、感受文本的情感、产生独特的体悟作为整体感知《背影》这一经典作品的切入点，并设计活动任务，组织学生"找出课文中关于色彩的语句，你会选择哪一种颜色来形容这篇文章？从文中找出依据，说出理由"。

色彩是很好的象征，可以很好地生成一种灵动的课堂语言；色彩的联想是一种创造性的思维能力，指向学生高阶思维的培养。陈老师巧选"色彩"作为学生细读文本、整体感知的入口，紧扣"色彩"品味文本细节，调动学生阅读兴趣，增强学生的视觉想象，为学生进一步探索、感悟文本奠定基础，从而引导学生通过个性化表达，与文本产生情感互动，引发情感共鸣。

选取色彩作为解读文本的角度，这使得文中隽永的亲情变得更为可视、可感，为学生构建了一个趣味十足的情景，打开了学生思考的维度，激发了学生表达的热情。这个活动做到了让每一个层次的学生都有话可说，有情可抒。从这个角度来说，这个活动的可贵和巧妙之处便体现出来了，即尽可能地调动所有学生参与课堂的积极性，让各个层次的学生的思维都得到了发散。从陈老师的这一活动设置，我们可以窥探到她平时教学"立足文本、尊重学生、大胆想象"的开放性和创造性。

我们来看看学生的回答：

"我觉得应该用灰色，文中写到'家境惨淡、父亲赋闲、祖母去世、父子双双为之奔丧'。"

"我觉得不应该用大红色，用暗红比较符合这篇文章的意境，因为父子二人的情感交织在一起，就像两种色彩混合在一起，是难以言喻的暗红色。"

"我认为用暗紫色很好，因为紫色也有伤感的情愫，只是淡淡的忧伤，更多的是父爱的温情。作者穿的是紫毛大衣，而他的父亲穿的只是黑布衣服，两者对比之下父爱更显深沉内敛，让人感动。"

从课堂的实际情况来看，学生们的表达欲得到了充分的满足。而在学生个性化表达的背后，是其对文本的独立解读，这是最为可贵的。这样的教学，极大地提升了学生乐于参与课堂，勇于分享感悟的热情。活动中，学生借助色彩完成了从视觉想象到情感体悟，最终实现个性表达的高阶思维训练。这种带有思维发展动态过程的表达是可以生发出良性的连锁反应的，学生之间互相启发、互相补充，课堂上情感的灵动、思维的碰撞，带来的无疑是一种课堂之美。

可贵的是，陈志红老师这一设计的智慧还在于，自己敢于往后站，扮演学生的促进者、鼓励者、帮助者、辅导者、合作者和朋友的角色，变"权威"为"向导"，让学生站到课堂的中心，将思维方法藏在教学设计之中，帮助他们去发现、探索、表达，从而让情感体悟流动于课堂，让课堂服务于学生个性化的情感收获与表达。

二、以镜头解意，让学生碰撞出思维的火花

茅盾提出："应当一边读，一边回想他所经验的相似的人生，或者一边读，一边到现实的活人中去看。"怎样把文本还原到作者创作时的相似的情景中去？陈志红老师的设计给了我们很好的启示。

我们看看陈志红老师的第二个教学活动设计——"阐述镜头，品味细节"，即组织学生开展小组合作，分角色完成活动任务，朗读相关片段，阐述镜头细节和拍摄创意。这显然就是一种探究细节、情景再现的教学手段。这样的活动，容易引发学生积极的思考、活跃的思想和大胆的想象，在情景再现中引导学生知言会意，在和文本深入对话的基础上鼓励学生读出自己对文本情感和内涵的感悟。

与此同时，怎样才能留住课堂开篇第一个活动中学生思维的火花，让它不稍纵即逝，使课堂不仅仅停留在一时的热闹呢？唯有将其文字化、具象化。因此，陈志红老师这一互动设计也是对前一个活动的延续和提升。在课堂开篇充

分激发学生的思维后，巧藏片段式的写作活动于拍摄镜头活动之中，很好地将课堂上学生即时生发的想法保存下来，让学生在无意识之中，自然而然地被教师引领到写作上。这样的"镜头描述"活动，一方面固然是为理解文本情感内核服务，但另一方面，其实也是在潜移默化地进行写作实践。课堂设计循序渐进，真可谓一石二鸟。

课堂上，学生的回答，着实让人赞叹。

"可以用慢镜头，因为无物可抓，只能用手按住，然后用力支撑起身体向上'攀''缩'，这需要力量，而一个上了年纪的父亲，这一'攀'一'缩'是多么的令人揪心啊！'倾'字表明父亲要爬上月台虽然十分艰难，但又十分努力。这是一个艰难的背影！"

"用动画画面来展现背影的隐没，父亲的身影慢慢地越来越小，直至混入人群，画面转为熙熙攘攘的人群。"

"近镜头是'我'读信流泪，特写摘下眼镜，擦拭眼泪，一滴泪无限扩大，镜头转换到父亲那肥胖的、青布棉袍黑布马褂的背影。"

可见，陈志红老师的活动设计，让学生在活动推进中认真聆听同伴，倾情表达自我，从而推动阅读教学和语言学习的高效开展，让课堂从平面真正走向立体；让学生从静态的文本真正走向动态的情感与思维，从动态的情感与思维走向灵动的文字表达，从而实现学生亲近经典作品"读、悟、创"目标的达成。课堂上，陈老师的学生在自主思考与合作探究中，极大地张扬自己的个性，实践自己的创意，享受自己的成功，追求自我的实现。这不失为理想课堂的一种表现。

课堂是教学活动生发的场所，是一切教学设想接受检验的平台。理想的课堂应该是一个立体的、鲜活的思想碰撞的高地，理想的课堂也应该是具有流动性和延展性的。但我们的课堂在很多时候是一成不变的，老师单一讲授知识点，学生被动接受在很长时间里是常态。可喜的是，越来越多的老师意识到了课堂灵动性的重要，并进行了积极的探索，产生许多有创意的耕作。

语文教育呼唤焕发生命活力的、诗意的、创意的课堂教学形式，呼唤更多理想课堂的表现。以深厚的生活和精妙的阅读为基础，创造出诗意，这应当是我们语文课堂不懈的美学追求。其中，以丰富多样的活动自然而然地激发学生对文本进行深入剖析的兴趣，并同时带动他们流畅自如地表达自身的见解，是优秀语文老师创设诗意课堂的选择。教学活动历来是撬动教学难点的有力杠杆，这早已成为语文同仁的共识。有效活动的设计与开展，能让师生在课堂上共同感受到生命的绽放、灵感的闪亮、思维的碰撞、情感的激荡。

人人皆知设置活动的重要性，但如何根据文本选择恰当且新颖的角度，找准发力点，却不是人人都可以逾越的难关。课堂活动的设计并无定法，只能"因文而设，因需而变，因人而异"。陈志红老师勇于摆脱固定化思维，追求个性化的教学，主动对如何巧妙设计教学活动做了深刻的思考和有效的尝试，这本身就不失优秀年轻教师的诗意与担当。

袁卫星

中学语文特级教师、中小学正高级教师、

深圳市新安中学（集团）高中部校长

 附 录

《背影》里的色彩

《背影》是一篇将叙事和抒情结为一体的散文，当中自然有情景交融、虚实相生的形象（背影）以及由背影所诱发的审美想象空间。本文谨从"背影"这个意象开拓的审美想象空间，借助电影镜头分析解读《背影》当中的"色彩艺术"，以及叙述在教学中的创意设计。

一、"灰色镜头"之凄清的意境

"我与父亲不相见已二年余了，我最不能忘记的是他的背影"，这是背影这个形象第一次出现。当我们读到"家境惨淡、父亲赋闲、祖母去世、父子双双为之奔丧",这一系列的事件使得开篇呈现灰色调。面对家中一系列的变故,饱经生活磨难的老父,为了谋生和孩子的前途(当时作者在北京上大学),不顾年老体衰,要去南京工作。这个情景所诱发的审美空间是伤感和凄怆的情韵,让人感伤,这就是文章开始的"凄清意境"。这样的意境很像电影里的远镜头,远远地看去,一片灰色,给人以凄凉的感觉,是一个充满灰色色彩的人生处境。

文章用寥寥数笔勾勒出当时家中的惨淡光景,灰色的基调,灰色的人生困境,这也是打动读者的地方,在人生低谷中父子俩惺惺相惜,相互鼓励。父亲说:"事已如此,不必难过,好在天无绝人之路!"这是最朴实的语言,作者以真切的感受、朴素的语言写出了困境中父子的深情。当时我在课堂上分析此段时,一个学生用素描画出了此景:空空荡荡的房子,侧脸的父亲和低头落泪的儿子。这一幅灰色的素描图完美地诠释了当时父子俩的处境。联系文中叙述的全家遭遇到的坎坷,读者不难感受到这浓重阴冷的色调烘托出悲凄的氛围,正映衬出这一家遭到的沉重打击,展示"父亲"悲怆沉郁的内心世界,读来令人唏嘘、心境难平。

二、"夕阳微红"之炽热的意境

在父亲送"我"上车后,"我"看到了他为我买橘子的情景:"他戴着黑布小帽,穿着黑布大马褂,深青布棉袍,蹒跚地走到铁道边……要爬上那边月台,就不容易了。他用双手攀着上面,两脚再向上缩;他肥胖的身子向左微倾,显出努力的样子。这时我看见他的背影,我的泪很快地流下来了。"在这里,情景交融、景中藏情的意境所表现出来的情感是炽烈、感人的,父子之间的深情不讲自现。镜头中的灰色也由此转为能表现炽烈情感的橘色,这种橘色不是艳丽的正红色,而是父子亲情交融式的调和色,是夕阳西下式的微红。这个情景与电影镜头的特写特别吻合,父亲买橘子的特写镜头,是探究父子深情的最直接的画面,叠加上感受父亲朴实语言中的真情,让学生的感悟由表及里、由浅入深,达到了文学接受高潮理论中的共鸣和净化。

在这一片段的教学中，我设计了一个新颖的问题：找出课文中关于色彩的语句，你会选择哪一种颜色来形容这篇文章？从文中找出依据，说出理由。学生对文章有了多样解读，有的学生觉得应该用红色，父亲很爱孩子，而且文中父子感情炽烈、深沉。有的学生认为可以用橘色，因为父亲为儿子买橘子，橘色是暖色调的，正代表父亲对儿子的爱。有的学生认为用紫色很好，因为紫色也有伤感的情愫，虽然全文的感情基调是伤感的，但只是淡淡的忧伤，更多的是父爱的温情。而且作者穿的是紫毛大衣，而他的父亲穿的只是黑布衣服，两者对比之下父爱更显深沉内敛，让人感动。

无论是红色、橘色，还是紫色，这些色彩都是一种情感的调和色，是父子情感在心灵深处的碰撞，而这种情感被称为"夕阳微红"式的炽热情感。父爱如山，儿子犹如那一抹微红的夕阳，围绕着父亲。只是当时，作者并不理解父亲的关爱，甚至有点厌烦父亲的唠叨。现在想起来，有些后悔或者说是忏悔。在这里，无论是色彩还是情感镜头，都迸发出感人肺腑的力量，在审美上达到了情感的共鸣。

三、"忧郁蓝色"之惆怅的意境

看到父亲蹒跚的背影，作者的内心无比感动。等到分别时，父亲的背影慢慢消失在人群中。"等他的背影混入来来往往的人里，再找不着了，我便进来坐下，我的眼泪又来了。"此景此情，让读者的情绪节奏也随着作者由热切酣畅转为凝重滞涩，同时也带有淡淡的哀愁，心情也是忧郁而悲伤的。当心情忧郁、凝重时，我们的画面感往往呈现蓝色，蓝色代表着忧郁、忧伤，可以很好地体现这一离别情感。色彩学其实很深奥，初级的直觉中只有红、绿、黄这样直观的颜色，而高端的品位里会出现墨绿、秋香色、琥珀色这样具有情感的颜色。蓝色有很多种，这里的蓝色是渐变色，体现了作者内心情感细微、不易捉摸的变化。

在这一个镜头里，我让学生制作动画来展现背影的隐没，使学生有直观的印象。父亲的青布棉袍被渲染成"忧郁的宝石蓝"，整个背景色设计成淡蓝色渐变成宝石蓝，给人以忧郁的感受，展现出浓郁的感情色彩。中国人的情感是压抑的，不轻易流露，"我"对父亲的感情"表里不如一"，表面是暗笑他的迂，自作聪明过分插嘴，内心却是无比地感动，所以留下感恩的泪水。这个画面所呈现出来的意境，是令人惆怅的，也是凝重的。作者内心的凝重与矛盾深深地打动了读者，引起了审美上的共鸣。父与子之间情感的冲突，紧紧地抓住了读者的心，使每一个人都能得到心灵的洗礼和精神的升华。有一句话叫"爱你在心口难开"，有一种爱叫"不能让你走"。"近几年来，父亲和我都是东奔西走，家中光景是一日不如一日。"我不想让父亲走，可是又不能不让他走，当他的背影消失在人群里，我再次流下眼泪。忧郁、凝重、滞涩、惆怅、酸楚、感伤一并在内心深处涌动。

四、"紫色缠绵"之悲怆的意境

在作品的结尾，再现了背影。远在异地的儿子对父亲产生了深沉的爱和思念。想到父亲少年独立，外出谋生，现在晚境颓唐，无比凄凉，心中的悔恨、愧疚、怜惜一并在心里不断翻腾。"在晶莹的泪光中，又看见那肥胖的、青布棉袍黑布马褂的背影。"作者在这里再现意境构图的主体形象——背影，构成了一个动人心肺的悲怆的意境，令人感动不已。背影再现时，作者想起父亲的种种，不禁悲从中来。父亲在信中说道："我身体平安，唯膀子疼痛厉害，举箸提笔，诸多不便，大约大去之期不远矣。"父亲对"我"的爱仍然是深沉的，语言中诸多矛盾，说自己是平安的，可又说大去之期不远了，想必是不想让儿子担忧，但又现实如此。作者再次让父亲的衣着出现在读者的眼睛里：青布棉袍和黑布马褂。再次回顾《背影》中出现色彩的语句有：

我将他给我做的紫毛大衣铺好座位。

我看见他戴着黑布小帽，穿着黑布大马褂，深青布棉袍……

我再向外看时，他已抱了朱红的橘子往回走了。

我读到此处，在晶莹的泪光中，又看见那肥胖的、青布棉袍黑布马褂的背影。

不同的情境，不同的色彩，形成了不同意境的电影式镜头。

镜头一：凄清的意境，惦记背影。

镜头二：炽热的意境，刻画背影。

镜头三：惆怅的意境，惜别背影。

镜头四：悲怆的意境，再现背影。

这四个镜头用颜色来渲染，分别选用了灰、红、蓝、紫。教师阐述四种意境时所营造的情境必能走进学生的内心，借助电影镜头让学生走进所创设的情境，更能激起情感的共鸣。情境即是产生情感的外部环境，具体生动的课堂教学情境形成一种特定的感染场，是达成情感目标的一种辅助手段。《背影》是父爱名篇，如何让"情动于中而形于言"的文章来震撼学生的心灵，创设教学情境，激发学生将个体经验、思考与文本联系起来，让他们内心与文本产生共鸣，采用电影镜头是一个取巧的策略。

我们仔细研读《背影》，用电影的视角去解读，当中别具神韵的意境美和色彩艺术会令人惊喜。

第四章

课堂活力，
收放自如

第一节

教学思考与理念阐释

 主 题 一

导入的精心构思

语文课堂教学是一门艺术，课堂导入是开启这门艺术的起始点。课堂导入是教师在一个新的教学内容或教学活动开始，运用一定的方式恰如其分地引导学生的注意力，关联上课主题内容，明确教学目的和指向，从而引导学生进入学习状态的教学方式。

新颖别致、富有创意、精心构思的导入能够吸引学生的注意力，唤起学生求知的欲望，点燃学生智慧的火花，激发学生的思维活动，让学生乐于主动探索，这样教学也就容易进入最佳境界，往往还能提高课堂教学的效率。在公开课中，课堂教学一开始就绚丽多姿、扣人心弦、引人入胜，会为整堂课的教学创造有利的条件。因此，课堂导入建构起"导"与"入"的体系，发挥"导"与"入"的作用非常关键。

一、谈话导入，拉近距离

教师上公开课时，师生都有了心理预设，学生进入学习的状态相对会比较快。但是，因为"公开"，师生可能相对会比较紧张。机敏的教师善于运用导入语，以自身的风格、清晰的声音、精彩的语言抓住学生心理，让学生轻松愉快地进入课堂的情境。

《话说千古风流人物》是省级公开课，听课人数较多。为了缓解教师自身和学生的紧张情绪，教师采用对话导入。

师：欢迎来到《话说千古风流人物》语文活动展示课堂，今天有这么多老师来听课，你们紧张吗？

生：不紧张。（生笑）

师：你们这么淡定啊，不过老师很紧张，心脏在扑通扑通地跳，希望同学们的精彩表现可以缓解老师的紧张情绪。

生：好！

师：上课之前，老师要提一个要求，就是你们的手机应该放在哪里？

生：课桌里、口袋里。

师：不要放在课桌里，也不要放在口袋里，就放在桌面上。现在进教室不准带手机，以后不带手机不准进教室。

生：好！（鼓掌）

师：老师就是希望大家不要被手机所困，而是要使手机为我们所用。

师：说到千古风流人物，想必大家会想到毛泽东的一首词，哪一首呢？

生：《沁园春·雪》。

师：会背吗？

生：会。

师：让我们一起豪情满怀吟诵华章，诵读《沁园春·雪》。

（生齐背《沁园春·雪》。）

师：很好，吟诵出了豪情！数风流人物，还看今朝。今天我们一起来说说千古风流人物。说到"风流"，你脑海里有哪些含义？

生：风采、风韵。

生：著名的。

师：还知道其他的含义吗？

（生摇头。）

师：好，拿起你的手机进入"百度词条"，看谁又快又准地找到"风流"的准确含义。

生：有功绩而又有文采的；英俊杰出的；有才学而不拘礼法的；流风余韵；轻浮放荡。

师：非常准确，与现代汉语也是相匹配的。我们今天所说的"风流"是它的褒义色彩，主要是以上几种含义。（出示PPT）

这堂公开课利用对话的形式巧妙地导入新课，有先声夺人的效果，询问学生是否紧张，同时希望学生用精彩的表现缓解教师的紧张，吸引学生的注意力，拉近了师生的距离，还让学生产生了自信，对课堂教学有了期待。而且教师还用了反转的效果，"现在进教室不准带手机，以后不带手机不准进教室"，这一反转使学生把兴奋点转移到课堂表现上来——正确使用手机查询有用的知识，让学生将注意力马上集中在教学的内容上——豪情满怀吟诵诗词。教师采用对话导入，安定了学生的情绪，做到教学内容"箭无虚发"，句句入耳，点点入心，教者轻松愉快，听者心驰神往。

对话导入可以根据课堂和学生的实际情况，灵活地将学生引入课堂。《海燕》是市区联盟公开课，教师借班上课，与学生第一次见面，采用对话导入，可以消除陌生感。师生的对话结合《海燕》当中的自然环境描写展开，自然引入到课文的学习上，自然、简洁、明了，教学目标明确，不拖泥带水。

师：今天天气如何？

生：天气晴朗，不错。

师：如果在天地昏暗、电闪雷鸣的天气里，你们会待在哪里呢？（电脑展示雷电天气的音画）

生：家里。

师：但是有一种鸟却很勇敢地在这样的天气里于浊浪滔天的海面上穿梭、飞舞。它叫——

生：海燕。

师：今天，我们一起来走近它。

借班上课，教师登台亮相后，学生感到新奇，教师的一个眼神、一个动作、一句话语，都能引起学生的注意。亲切随意的对话会博得学生的好感，师生的情感在导入时就自然而然地得到交流，为教学之间的信息交流、情绪反馈打开了一扇窗，营造了良好的教学氛围，既有利于教师的教，也有利于学生的学。

二、巧设悬念，唤起期待

学贵在思，教师在导入时，要激发学生的兴趣和热情，才能让学生的思维尽快转移到课堂脑力思考的起跑线上。公开课中，我们可以通过设疑置疑、巧设悬念，激发学生迫不及待地去看书寻找答案。很多时候，我们导入时可以问而不答，利用问题的悬念增加吸引力，唤起学生的种种期待。

《湖心亭看雪》这篇文章其实不好理解，因此，索性就借学生的疑问导入新课，让学生主动去探索文章的深意。所以，这节课的导入可以这样设计："有人说，没有看过西湖冬景的，读读张岱的《湖心亭看雪》就可以了。穿越千年，跟随张岱去湖心亭看雪，他到底看的是什么？"此处创设一种"看雪"的情境，设置悬念，激起学生的阅读兴趣。学生带着疑问，读出了张岱痴迷于西湖的雪景，痴迷于故国情怀。师生一起带着问题阅读思考，导入时所提问题的答案已然揭示。最后，教师进行小结升华：张岱是一个有超凡脱俗的雅趣和清高孤傲的情怀的人。张岱去湖心亭看雪，看的其实并不是雪本身，而是孤独，是心境，是雅趣，是痴迷于故国的情怀……学生此时恍然大悟，豁然开朗。

德国19世纪的教育家第斯多惠说："教学的艺术不在于传授本领，而在于激励、唤醒、鼓舞。"精彩的导入会使学生如沐春风、如饮甘露，进入一种美妙的思考境界。

很多课文都可以设置悬念进行导入，认真解读文本，针对文本当中的关键点、疑问点、模糊点、矛盾点进行因势利导，巧设悬念，激发思维，唤起学生探索的欲望，也能培养学生的求异思维。

三、一词经纬，一线贯穿

"一词经纬"是叙事常用的一种技巧，其特点是用一个词来立全文行走之骨，定全篇立言之本。我们把"一词经纬"用到教学设计上，可以"牵一发而动全身"。如果在导入时用一个词或者一个短语，纵横连贯整堂课的教学，引领学生快速进入课文的主体内容，层层深入，那么这堂公开课的进展必定"势如破竹"。

例如《湖心亭看雪》中，我们可以从"莫说相公痴，更有痴似相公者"这一句中提炼一个"痴"字，这个就是突出文章主旨的一个关键词。在导入时问学生：文章哪个字最能评价张岱？随后，学生根据文本解读出"痴人、痴景、痴情"，一线贯穿，层层深入，省去了很多零碎的讲解。《故都的秋》从"来得清，来得静，来得悲凉"这一句中提炼一个"悲"字作为导入；《登高》中从"万里悲秋常作客"中也可以提炼一个"悲"字作为全文的感情字眼；《窦娥冤》围绕一个"怨"字，带动全篇的阅读；《五柳先生传》当中出现了九个"不"字，这个"不"字串联起全篇，导入时问学生：文章当中哪个否定词出现得最多？以"不"挈领，撬动主题，突出主旨。

我们抓住的这个关键词是教师通过深入解读文本而获得的独特发现，这个词或能串连文章的结构，或能突出文章的主旨，或能抒发作者的情感等。有时对一篇文章每个人看法不同，抓住的字眼也不同，这就要求我们在备课时要有预设，上课要注重灵活性。这样，我们在上课时可以根据学生的回答灵活调整教学内容。比如《小石潭记》我最开始的设计是抓住一个"清"字，但是我在导入时问学生：你们能用一个字来形容小石潭的特点吗？学生有的说"清"，有的说"石"，有的说"幽"，我在备课时，对预设和生成有了准备，所以就以这三个字分成三个组，每个组根据文本阐述理由。上课伊始，学生通过思考，发现了课文的关键字眼，这些关键字眼是全文的灵魂，教师通过引导，让学生在文本中去解读、去体悟、去表达。这一教学行为一石激起千层浪，点燃了思维的火花，开阔了学生的视野，增长了学生的智慧，使他们善于发现问题、思考问题并解决问题。

余映潮老师在《中学语文教例品评100篇》里也特别推崇用"一词经纬"法进行教学设计，他认为："'一词经纬'法或从点，或从线，或从面的角度发现课文中能够构成一个'集合'的知识板块。"他还认为："教师对教材有独到的发现，是一种境界；教师在教学中若能点拨学生建立'发现'的意识，积聚'发现'的勇气，学到'发现'的技能，则又是一种境界。"这种高度凝练的导入，拉开一堂课的序幕，让学生很快把握思维的核心，围绕教学主题开发思维，积极思考，寻幽探微，从而激发学习动机，使学生保持长久旺盛的学习力。

四、援引材料，妙趣横生

教育家第斯多惠说："教育成功的艺术就在于使学生对你所教的东西感兴趣。"教师精彩的语言、漂亮的板书、博学的头脑都会让学生感到新奇，充满兴趣。博学多才的老师没有学生不喜欢，教材当中文章作者的身份、背后的故事、写作的背景等都是丰富的备课材料，也是学生在教材中学不到的。我们教师在备课时充分挖掘这些材料，援引相关材料，必能吸引学生的注意力，调动他们的思维，学生思维活跃起来了，课堂自然会妙趣横生。

《使至塞上》是王维的边塞诗代表作，王维的多重身份，以及他的天才妙悟使得他的诗意境深远。我们可以引用材料，激起学生探索的欲望。可以有这样的导入语：

盛唐时代，有一位诗人——他工草隶，善画，精通音律，诗名享天下，他笃信佛教，人称"诗佛"，他就是山水田园诗人王维。他有多重身份——

诗人。他的诗以描绘山水田园和歌咏隐居生活为主，五律和五绝，语言精美。

画家。宋代苏轼称其"诗中有画，画中有诗"。

佛家。王维，字摩诘，信奉佛教，素有"诗佛"之称，诗中充满禅意的哲理。

隐士。晚年隐居，摆脱尘世繁杂，居处清幽宁静，诗作天才妙悟、神韵悠然。

今天，我们来学习王维的代表作《使至塞上》，感受其中的"诗情画意"，感悟王维多重身份在诗歌创作中的显现。

在这个导入中，教师引用王维的多重身份信息，引起学生的兴趣，又适时地点明这四种身份在诗作中的体现，引导学生"知人论世"，有助于解读诗人的情感。

《赤壁赋》的作者苏轼也是多才多艺，我们可以有这样的导入语：今天我们走近旷世奇才苏轼，他的散文与欧阳修并称"欧苏"；诗与黄庭坚并称"苏黄"；词与辛弃疾并称"苏辛"，为豪放词的创始人；书法上被称为宋初"四大书法家"；绘画上以"朱竹"别具一格；文学理论上提出写文章要"如行云流水"。而这样一位才华横溢的诗人在《自题金山画像》中这样写道："心似已灰之木，身如不系之舟。问余平生功业，黄州惠州儋州。"今天我们在所学的《赤壁赋》中会探寻这位才子的心境。

教师在导入时适时地讲授相关的信息，可以开拓学生的视野，让学生对教师的学识更加敬佩，这样博得学生的好感，就开启了学生的心灵之窗，使教师的讲课建立在学生的期待、信赖、敬佩之上。这样，很容易引导学生步入知识的殿堂，收获丰收的喜悦。

五、创意导入，启迪思维

导入是教学环节中最重要的部分，是学生通向后面学习的必经之路。课堂导入有一个最重要的作用是明确课堂教学目标，所以在设计导入语时，必须有精心的构思。如果能够做到新颖独特、富有创意，又有非常明确的指向和任务目标，势必会激发学生的学习动机，点燃学生智慧的火花，使他们自觉地控制和调节自己的学习活动，促进课堂教学活动顺利地开展和实施。

我在上《荷花淀》时这样导入：

孙犁自己说："我喜爱写欢乐的东西。我以为女人比男人更乐观，而人生的悲欢离合，总是与她们有关，所以常常以崇拜的心情写到她们。"

诗化的景、淡化的情节已让我们感受到一个作家的诗情画意，其实孙犁也用诗意的笔致描写了那里的人们，特别是女人们。抗日战争胜利 73 周年时，《感动中国》节目组别出心裁，进行历史探寻，为《荷花淀》里的女人们拍摄了几组镜头，展现她们独特的女性美。让我们跟随拍摄镜头，走近她们吧。

导入引用了作者的话语，是想引导学生探究《荷花淀》中的女性形象，与上节课进行衔接，起到温故知新的作用。结合当时的情境，教师用新颖的节目组拍摄镜头的形式向学生交代了此次课堂的方向和目标。而且这个导入，一直贯穿整节课的始终。《感动中国》剧组如何拍摄？教师指导学生就小说的环境、人物描写、情节等在文本中找到相关依据，以任务驱动的形式激励学生探究人物形象。

这种学生喜闻乐见的节目拍摄形式，本身就有趣味性和目标性，可以在多篇课文的授课中运用。比如，朱自清的散文名篇《背影》也可以这样导入：

师：中央电视台有一个经典的电视散文栏目，通过至美的镜头展现至纯至善的散文名篇。今天我们重读经典，如果让你为这篇散文拍摄镜头，你会如何处理？

拍摄要点提示：以四次"背影"为主要意象镜头，找出文本依据，为镜头搭配主体色彩体现意境。

这个导入的学习目标非常明确，意在让学生从文本中找出描写颜色的语句，带着任务去阅读文本，并且做批注。阐述要拍摄的"背影"镜头，意在让学生根据提示阅读相关段落，借助颜色，完成对课文的整体感知，为下一步教师引导学生用不同的色彩解读父子之间细微、不易捉摸的情感变化营造了有利的条件。

富有创意、目标明确的精心导入，有助于培养学生的创新思维，用精心构思的导入串连全篇，带动整篇文章的阅读，有种统摄全局的特有魅力。

六、媒体引路，入情入境

多媒体作为现代信息技术得到广泛应用，因为它形象、直观、生动，在教学中恰当使用多媒体，会给课堂增添趣味性，也可以让学生受到潜移默化的熏陶。多媒体导入可以创设一种具体的、生动的情境，让学生在课堂教学开始时，就置身于某种与课堂教学内容相关的情景之中，促使学生在形象的、直观的氛围中参与课堂教学。多媒体导入形式有音频导入、图片导入、视频导入，这些导入形式会给课堂带来光与影的艺术魅力。

很多课文都可以利用多媒体情境导入法。例如，教学《苏州园林》，可以在导入时使用很多摄影爱好者拍摄的苏州园林的照片或者宣传片视频，视听结合，就让学生仿佛置身于苏州园林当中，也能感受到"务必使游览者无论站在哪个点上，眼前总是一幅完美的图画"的艺术美感。《"飞天"凌空——跳水姑娘吕伟夺魁记》《一着惊海天——目击我国航母舰载战斗机首架次成功着舰》这两篇消息，在上课时用吕伟跳水和航母舰载战斗机成功着舰的视频导入，不仅能激发学生的兴趣，也有助于学生人格的塑造与发展。《背影》的导入也可以采用欣赏歌曲《父亲》，在音乐中体会父亲的深情，让学生入情入境，有利于学生领会作者的情意和文章的主旨。采用图片导入时，有时可以采用流行的网络图片，不仅让学生有新鲜感，还消除了时代距离。《包身工》这篇文章离学生的时代较远，学生有些不理解瘦骨嶙峋的包身工的悲惨，可以用"好身材反手摸肚脐""反手夹手机""硬币锁骨"等社会热点图片与骨瘦如柴的包身工插图作对比，激发学生探究包身工的"瘦"是时代的"惨剧"。

多媒体导入，入情入境，犹如乐曲的"引子"，或设疑激趣，或营造情境，或温故知新，图文并茂，声情并举，这样更有利于激发学生的探究思维和学习兴趣。

课堂导入的方法多种多样——媒体导入、新旧联结导入、设疑导入、故事导入、释题导入、情境导入……但不管怎样导入，都应该基于学生的学情和认知水平，以及整堂课的内容，这是通向课堂教学的必然桥梁。同时要注重趣味性、有效性、启发性、情境性及灵活性原则。

　　导入因教师的个人特质而异，有时也要根据特定的教学情境灵活处理。导，引也，有引导、启发之意。在教师的开导、引导、启发之下，学生能够主动进入课堂学习，深入探究文本，投入自我的学习，融入到"教"与"学"的情境当中，入情入境，最后慢慢步入知识和思维的殿堂，这样的课堂教学当是教育的最佳状态了。

问题的巧妙设计

　　提问是课堂教学中最为重要的一种师生思想交流的方式，是教师使用最多的师生互动手段，也是最能掀起波澜、激发学生兴趣、启迪学生思维的教学方式。善教者善问，善问是一门艺术，钱梦龙说："问题提得好，好像一颗石子投向平静的水面，能激起学生的思维浪花。"无论在常态课还是在公开课中，问题的巧妙设计都能"一石激起千层浪"，让单调的课堂平面变成立体生动的多维空间。

　　提问的形式有很多种，大致可归纳为以下几对关系：直问与曲问、正问与反问、顺问与逆问、主问与追问、庄问与趣问。尽管形式多样，但是教学艺术讲究规律性和创造性的统一。马卡连柯说："教育学是最辩证、最灵活的科学，也是最复杂、最多样化的艺术。"作为教育艺术中的一种方式和技术，课堂的问题设计当然是可转化、复杂和多元的。围绕新课程理念，如何设计问法新颖，形式灵活，富有情味，为学生喜闻乐答的问题？精心设计问题是思考的原点，我们可以采用以"趣"发问，以"点"设问，以"疑"追问，以"情"促问等策略。

一、以"趣"发问，问在创意点

著名心理学家皮亚杰指出："兴趣，实际上就是需要的延伸，它表现出对象与需要之间的关系，因为我们之所以对于一个对象发生兴趣，是由于它能满足我们的需要。"兴趣是发现的先导，兴趣可以激发灵感，教师所提的问题能引起学生的兴趣，激活学生的思维，学生自然乐于回答。教师可以根据学生的身心特点，发现教材中有趣的、独特的知识点，激起学生的探索欲。

对朱自清《背影》的教学，许多老师都从"背影"这个线索去设计问题："背影"在文章中有什么作用？写了几次"背影"？"背影"有什么特点？"背影"表达了什么情感？这样的问题设计看似把全篇的知识点都罗列出来了，学生也可以从文中找到答案，但是这样的问题设计没有创意，也没有体现文本的价值，更没有领悟作者的意图和真正的情感。课堂提问不只是要寻找到一个答案，还要激发学生的思维，引起学生探究问题的欲望。

多次阅读这一名篇，我们不难发现朱自清从"四次流泪""四次背影"来体现父子之间的深情，从"背影"这个意象开拓出的审美想象空间，蕴藏着凄清、炽热、惆怅、悲怆的意境。再次阅读，我们会发现对父亲"背影"的刻画，着重写了父亲的服饰"黑布小帽、黑布大马褂、深青布棉袍"。对服饰颜色的描写，点明了当时父子俩的"灰暗"处境，父亲的服饰也与我的"紫毛大衣"形成对比，而父亲的"背影"与父亲为儿子买"朱红的橘子"的行为是联结一体的。发现文本的这个独特点，设计如下问题：找出课文中关于色彩的语句，你会选择哪一种颜色来形容这篇文章？从文中找出依据，说出理由。这些问题以"趣"发问，富有创意，引起学生极大的兴趣，借助颜色，完成了对课文的感知，对父子当时"灰色"处境的解说，以及对父子之间情感的解读。问题的巧妙设计让学生对文本的分析有自己独特的理解，而且思维多样、角度新颖，学生个性化的解读让课堂充满了活力。

要使问题问得有趣、新颖，可以采用曲问、逆问的方式，激起学生浓厚的兴趣，激发他们主动思考。钱梦龙老师教《愚公移山》一文，不直接问"孀妻"是什么意思，而是问："愚公要把土石运到东海去，邻居家的男孩也来帮忙，他的爸爸同意吗？"学生听到这个问题笑了起来，说："他没有爸爸呀，他是一个孤儿！"钱老师继续问："你们怎么知道的？""因为他妈妈是孀妻——寡妇！"学生回答后，钱老师顺便告知学生古代失去父亲的孩子被称为"孤儿"，这样的提问方式，让学生对这些文言实词印象深刻。

还可以通过电影、故事激趣，进行开放式的提问。熊芳芳老师在讲《西游记》的整本书阅读时，引出一部电影《大圣归来》，又与《三藏法师传》《大唐三藏取经诗话》进行对比，设计开放式的提问：你更喜欢哪一个故事？你更喜欢哪一个唐僧？熊芳芳老师的问题设计，就如谭晓云教授所说："是一种依靠教师引导，从而提升学生自我理解力，获得自我成长的过程。"（熊芳芳，《生命语文课堂观察》，漓江出版社）这样的问题是以"趣"发问，问在创意点上，问"活"了思维。

二、以"点"设问，问在关键点

一位教育家曾说："教学的艺术全在于如何恰当地提出问题和巧妙地引导学生作答。巧妙的问题设计会给课堂增添活力与生机。"一些年轻老师在公开课上不是"满堂问"，就是"不断问"，还有"随意问""零碎问""分散问"，问题的设计没有体系，显得很凌乱，用余映潮老师的话说，就是"脚踩西瓜皮式"的典型碎问。这是一种低效教学，这种提问方式耗费学生的精力和热情，难以发挥课堂提问的教学有效性。我们教师可以抓住课文的核心问题，巧妙设计课堂的"主问题"，让"主问题"达到"牵一发而动全身"的效果，其他问题就容易在它的引导下构成一个有机的问题链，串连起整个课堂活动，随着一个个问题得到解决，教师就能水到渠成地达成教学目标，突破教学重难点。

"主问题"的设计主要是围绕课文的核心点，以点带面，用精、少、实、活的问题设计激活课堂、创新教学，这样的课堂具有持久的生命力、穿透力。

主问题的切入点很重要，"可以从教材的重难点、纽结点、点睛点、疑难点、模糊点、含蓄点进行提问"。（杨九俊，《语文教学艺术论》，华东师范大学出版社）

（一）"主问题"问在重难点

教材都有重点、难点，每一节课也有它的重点、难点。教师要紧紧围绕教学重难点和教学目标设置问题，并通过巧妙设置问题引出本节课学生必须理解、掌握、运用的知识点。"主问题"涉及整篇文章中的主要部分，也就是围绕整个文章的主线所设计的主要问题。这要求教师"吃透"教材，对教材和整个课堂"胸中有丘壑"。

重庆七中的王海洋副校长在教《林教头风雪山神庙》时，针对文本，将一节课的重难点转化成教学中的"主问题"：面对奸计，林冲成功脱险依托了哪些因素？通过设问与讨论，立足问题，引导学生进行因素分析或归因分析，学生回答时一一举证，分析天气、性格、人际与林冲脱险之间的关系。这样的主问题设计将小说文体教学的环境描写、人物性格、情节发展三要素浓缩在一个有着较高思维含量的问题中，同时让学生的思维和思想达到较高的要求。（剑男，《备课到底备什么——语文名师备教手记》，长江文艺出版社）

还可以围绕主问题形成问题链。比如教学《周亚夫军细柳》时，设计主问题：周亚夫是一个怎样的人？这个问题有点大，可以围绕它设计一系列的问题链：周亚夫在课文哪里才出现？真将军的"真"体现在哪些方面？这样的问题链将周亚夫这个人物的形象特点、文章的对比以及侧面烘托的手法都串联起来，让学生掌握了一定的阅读重点，理清了相应的文章脉络，理解了主要的写作手法，知识点、重难点、思维点都囊括其中。

《海燕》这篇文章的时代离我们有点远，可以以活动促问，让学生画插图，简笔画出海燕、海鸥、企鹅、雷电、乌云、闪电、海浪，师生完成插图后，教师问：难道高尔基在描绘动物世界和自然风云吗？这一问激起学生的思考，结合作者背景，学生明白：当然不是，他是一个社会活动家，他在演绎社会风云。此时，教师顺势出示社会背景，讲解象征手法的运用，引导学生把握形象内涵，从而突破本课的难点。

（二）"主问题"问在纽结点

能够找到文章结构的纽结点，于此处设问，不仅重点指向明确，还可以一线串珠，避免零碎地讲解。这个纽结点往往是文章承前启后的句子，或是文章的中心句，或是起联结作用的关键句。

比如，教学《琵琶行》时，紧紧围绕诗歌的中心句"同是天涯沦落人，相逢何必曾相识"进行主问题设置：诗人和琵琶女有什么相似之处？是什么使素不相识、萍水相逢的诗人和琵琶女产生共鸣？整个教学过程一线贯穿，长文短教，目标明确，重点突出。

又比如，《从百草园到三味书屋》当中有一个承上启下的段落："也许是因为拔何首乌毁了泥墙罢，也许是因为将砖头抛到间壁的梁家去了罢，也许是因为站在石井栏上跳了下来罢，……都无从知道。总而言之：我将不能常到百草园了。Ade，我的蟋蟀们！ Ade，我的覆盆子们和木莲们！"抓住这个结构的纽结点，设计主问题：在百草园是什么样的生活，三味书屋的生活又如何？引导学生进入"百草园"的生活情境，再进入"三味书屋"的生活现场，在纽结点设问，一线拎起全文细目。《苏州园林》当中有一句中心句："务必使游览者无论站在哪个点上，眼前总是一幅完美的图画。"我们可以这样设计主问题：作者从哪些方面说明苏州园林是一幅完美的图画？这个问题如彩线穿珠，将苏州园林各个设计点着意于画意美的特点全部串联起来。几乎每篇文章都有其纽结点，期待我们教师有更多、更新奇的发现。

（三）"主问题"问在矛盾点

熊芳芳老师说："平铺直叙的课堂不会有激活审美情感的力量。"她在教学《清兵卫与葫芦》时，在情节矛盾处设问：清兵卫和大人们的根本矛盾是什么？经过讨论得出结论：大人们追求"有用"，清兵卫追求"有趣"；大人们追求"奇特"，清兵卫追求"平凡"。学生们在问题的引导下从文中找出许多依据，这样的提问为学生进一步理解作品的主题作了充分的铺垫，也激活了学生

的审美情感。（熊芳芳，《语文审美教育 12 讲》，华东师范大学出版社）

我们细读课文，斟酌语言，会发现很多"矛盾点"。《孔乙己》当中有一个经典的矛盾："我到现在终于没有见——大约孔乙己的确死了。""大约"与"的确"就是一个矛盾，在此矛盾处提问：孔乙己究竟死了没有？对孔乙己的生死问题进行假设和探究，引导学生从文中找出有力依据，步步推理，进一步把握其悲剧性格，再由孔乙己的命运出发，分析造成其悲剧的根源。通过问在"矛盾点"上，把人物形象、社会环境、情节发展融入到一个体系，梳理了文章的思路，让学生聚焦到教材内容上，也让学生的人文素养得到提升。

鲁迅的文章很容易找到"矛盾点"，特级教师张正耀讲《记念刘和珍君》时，发现有这样几句充满矛盾的话：（1）可是我实在无话可说。（2）我也早觉得有写一点东西的必要了。（3）我正有写一点东西的必要了。（4）我还有什么话可说呢？（5）但是，我还有要说的话。（6）呜呼，我说不出话。于是，张老师提出这样的疑问：鲁迅到底是"有话"，还是"无话"？无话—有话—无话的曲折变化过程说明了什么？（张正耀，《语文，究竟怎么教——一位特级教师的 69 条教学建议》，华东师范大学出版社）这一矛盾处的设问让学生对鲁迅的矛盾心理活动有了探究的欲望，找到了阅读的突破口，紧紧地抓住学生的思维，整堂语文课紧凑而富有节奏，层层深入，步步推进。

（四）"主问题"问在点睛处

文章的点睛之笔往往有画龙点睛、升华主题、引人深思的艺术效果，在点睛处设计主问题，有统率全篇的效果，使得整堂课成为一个有机的整体。《记承天寺夜游》最后一句"但少闲人如吾两人者耳"作为点睛之笔，可以咬文嚼字进行设问：闲在哪里？真闲？不闲！赏月的闲情雅致让我们觉得苏轼内心有种豁达的喜悦之感。这样的咀嚼体悟可谓进入深度学习。《湖心亭看雪》当中"更有痴似相公者"，咀嚼一个"痴"字，问：张岱痴迷哪些？痴景、痴情、痴人，这种融情于景的写法因一个主问题全盘托出了。点睛处的设问会让问题问得有坡度，也有梯度，会促进学生思维的发展，使学生的学习效果达到最大化。

还可以在教材模糊点、含蓄点、细节点、空白点、转折点进行以"点"设问，破译了教材的关键点，很多问题都会迎刃而解。

三、以"疑"追问，问在疑难点

"学起于思，思源于疑。"在疑难点处设置问题是必要的，高明的教师一定会在疑难点上下功夫，设计出启发式的问题，激发学生的求知欲，通常也会用追问的方式引导学生质疑，在质疑的过程中促进学生主动探索。

《使至塞上》中诗人幽微复杂的情感让人难以捉摸，这也是此诗的疑难点。教师可以先抓住"景"做文章，提问："大漠孤烟直，长河落日圆"描绘了西部边塞的奇特壮丽景色，王国维称这一句为"千古壮观"，它"诗中有画"，这幅"画"壮在哪里？紧接着追问：王国维说"一切景语皆情语"，透过这苍凉壮阔、色彩瑰丽的画面，我们可以从意象窥见到作者的哪些情思呢？诗歌中的意象与情感是疑难点，通过由景到情、由易到难、层层剥茧的方式传道授业解惑，是解读诗歌的利器。

散文中的疑难点也颇多，如《荷塘月色》当中作者说，"这几天心里颇不宁静"。"颇不宁静"是关键词，也是全文的一个"文眼"，教师在此处应当提问：作者为什么"颇不宁静"？此时要联系当时的社会背景进行解读，解答学生的疑惑。接下来追问：作者不宁静的心绪得到排遣了吗？学生找到关键句得知在"荷月世界"里暂且得到排遣。继续追问：作者最终找到"宁静"了吗？从文中得知作者的心境变化：不静—求静—得静—出静，从"荷月世界"回到了"现实世界"。

朱熹说："读书无疑者，须教有疑；有疑者，却要无疑，到这里方是长进。"通过在疑点处提问，问题前后连贯、由浅入深、环环相扣、层层递进，形成问题的阶梯，这一设疑—质疑—释疑的过程，不断提高学生回答问题的积极性，让学生体验到解决问题的成就感，促进学生思维的发展。学生在教师的追问下往往会产生个性化的、独特的见解，那种被动的、沉闷的课堂局面顷刻被打破，师生共同探讨问题，互相交流、倾听、感悟，呈现出具有"生命活力"的课堂面貌。

四、以"情"促问，问在情感点

"情感点"是作者情感的聚集点，文本的精髓往往就隐藏在这情感深处，在情感点设问，可以理清文章的结构和情感脉络。教师找准了"情感点"会让课堂紧凑有序，使学生探究的思路也清晰明了。

鲁迅的《阿长与〈山海经〉》对阿长的情感就聚集在这一句：仁厚黑暗的地母呵，愿在你怀里永安她的魂灵！鲁迅对她的情感变化成了贯穿全文的线索，由此情感点进行逆推，使得所叙、所感、所议都集中在这条感情线索上，让课堂一波三折，摇曳多姿，还可以删繁就简，给课堂带来生机和活力。所以，抓住情感点就可以提纲挈领，增强课堂的艺术效果。又如朱自清的散文《背影》以其感情真挚自然见长，所谓"缀文者情动而辞发，观文者披文以入情"。哪些角度易于让学生领悟文中渗透的父子深情呢？"这时我看见他的背影，我的泪很快地流下来了。""在晶莹的泪光中，又看见那肥胖的，青布棉袍黑布马褂的背影。"从这些表达情感的句子中可以看出"背影"与"眼泪"是情感的聚集点。在此处提问，引导学生体悟作者内心的情感，必能引起共鸣，引发学生对人物情感的思考。"眼泪"很多时候是情感的爆发点，可以以此寻觅人物的某种情感点。比如《孔雀东南飞》当中多次写到刘兰芝"流泪"的情景，这些情感点应当是引导学生深入研读之处。她的"流泪"促使我们发问：刘兰芝流下的是软弱之泪吗？引导学生深入探究人物的情感世界，挖掘文章蕴含的时代隐痛和传统婚恋心理。

无独有偶，特级教师张正耀在讲老舍的《想北平》时，也从"落泪"入手，寻觅作者的情感点。《想北平》中老舍说："言语是不够表现我的心情的，只有独自微笑或落泪才足以把内心表达出来。我爱北平也近乎这个。"张正耀老师这样发问："微笑"与"落泪"在文中起到了怎样的作用？它们又分别表现了作者怎样的思想情感？学生在情境的感受中很快体悟出：老舍把文章所要表现的内容和要表达的情感，用"微笑"与"落泪"的形象比喻串联起来，强烈抒发了对北平的热爱眷念之情，渗透出刻骨铭心的一缕深情。（张正耀，《语文，究竟怎么教——一位特级教师的69条教学建议》，华东师范大学出版社）

著名教育家叶圣陶先生说："教师之为教，不在全盘授予，而在相机诱导。"所以语文教师在设计问题时，要激起学生探究的意识和兴趣，在必要的"点"设问，避免无效、零碎地发问。所找的教材中发问的"点"，要能提高学生的分析、理解、判断、体悟的能力，同时设置的问题要有启发性和发散性，教师巧妙设计问题的最终目标是让学生善于发问，学会质疑，从而发展思维能力和提升语文素养。在这个意义上，设置问题也是一项任务，设疑就是要求学生身体力行地去追问和求解。卢梭曾说过："学生所真正需要的并不在知识本身，而是自己寻找知识的方法。"设置问题时还要注意挖掘问题的深度，设置坡度，构建梯度，因为只有经过艰苦同时又趣味盎然的探索过程，学生才能真正寻找到探索新知的方法，并获得情感体验和成就感。《学记》提出要"善问"和"善待问"，好的教师要善于提问，还要善待学生的问题，还要注意问题提出后的导答艺术。这些导答技巧和艺术在余文森主编的《有效备课·上课·听课·评课》《课堂教学技能》和杨九俊的《语文教学艺术论》当中都有详细的讲解，供年轻教师参考。

教师保持教学的热情，深耕文本，巧妙设计问题，力求"能让好问题一直活下去"（《布鲁纳教育文化观》），就会让学生们的思维在具有"生命活力"的课堂中得到更多的锤炼，让心灵得到更多的洗涤，让情怀得到更多的滋养。

活动的创意策划

课堂活动是课堂教学的核心组成部分。语文课堂是最鲜活灵动、最能迸发思维火花的，学生在语文课堂上也应该是充满活力的，语文课堂活动要讲究灵动，富有创意。年轻教师的公开课要依托文本，围绕教学重难点，根据学生的认知规律，精心设计富有创意的课堂活动，从而激发学生的学习兴趣，调动积极性和主动性，促使学生的思维得到提升。

课堂活动贯穿整个课堂的始终，导入、教学过程的推进、结尾与能力迁移都需要有教师精心设计的活动。前文讲了导入的形式，本文主要探寻突破重难点的课堂主体活动设计。公开课中，课堂活动不应落入俗套，"程序化""模式化""格式化"的课堂活动往往无法让学生产生浓厚的兴趣，课堂也不会有活力和生命力。课堂活动的创新设计有多种多样的手法，关键在于教师对文本的精心揣摩和认真领悟。

一、创意朗读，扬起课堂的激情

语文课堂少不了朗读，朗读的语音有着独特的美感，可以把朗读者、倾听者带入特定的情境。朗读的形式有齐声朗读、个人朗读、角色朗读、情境朗读等。可以根据不同的体裁进行不同形式的朗读设计——诗歌可以齐声朗读，也可以个人朗读，小说、戏剧可以进行分角色朗读、情境朗读，诗歌、散文还可以进行分层推进式朗读，层层递进，不断深入。

语文课堂的朗读会让文字鲜活起来，让课堂生动、活泼起来。但是，朗读并不是泛泛而读，不是让学生随意朗读，一定是带着目标和任务的朗读。教师对学生的朗读要有明确的指向和指引，才能让朗读激活学生的思维，激活课堂的生命力。

《湖心亭看雪》当中对西湖雪景的描写实在精妙，用朗读的方式最能走进那一片苍茫的天地。教师首先提示赏析要点：整体意境、数量词的运用、写景手法。学生可以发挥自身的特长，选择朗读鉴赏的方式，品味写景妙句。（1）整体感知—读：朗读写景句，通过朗读发挥想象，整体感受广阔苍茫的意境。（2）前后对比—读：去掉三个"与"进行对比，赏三个"与"之奇。（3）替换量词—读：换"痕""点""芥""粒"为"条""座""艘""个"，赏量词之奇。（4）颠倒顺序—读：调换"痕""点""芥""粒"的顺序，赏视角之奇。对量词的品读，让人感受到意境开阔，在广阔的天地中，景物苍茫，人物渺小。（5）文画结合—读：学生诵读写景句，教师展示"湖心亭看雪"的水墨画，体味白描手法之妙。文画结合，直观感受静谧、苍茫的意境。

在这个朗读活动中，教师给予鉴赏方法，引导学生自主赏析，朗读形式多样，且都有明确的指向性、目标性和可操作性，很好地调动学生的思维，以读促悟，品味体验，突破难点。朗读是读者解读文本的桥梁，是通向作者心境的重要途径，在课堂活动中可以开展各种形式的朗读，但朗读活动的核心是任务指向明确、清晰、有效。

二、广告元素，打造课堂的魅力

语文课堂活动是师生之间围绕文本进行的语言实践活动，语文课的核心目标是激活学生的言语生命力。广告设计理念中的色彩运用以及象征涵义有着非常强的语用色彩，生动精炼的语言可以称之为浓缩版"微作文"。我们可以运用广告设计的艺术性来激发学生对语文学习的探索和体验的乐趣，从而提高学生语言感知与运用的能力。

语文课文中对色彩的描写往往有着独特的内涵，不同的色彩蕴含着不同的情感因子。我们仔细阅读文本，会有惊奇的发现。《故乡》是一篇小说，可以根据小说三要素环境、情节、人物，结合广告设计中的色彩理念来设计课堂活动，这个课堂活动是分层推进的：活动一：找出描写环境之"冷"的词语；活动二：结合杨二嫂和闰土两个人物说说人情之"冷"；活动三：谈谈那个时代的现实之"冷"；活动四：找出小说中的"暖色调"，并说说其象征含义。这四个活动层层推进，引导学生读出《故乡》当中的"冷暖"，文章里的"冷色调"时常是环境的冷清、人情的冷漠、现实的冷酷；"暖色调"是鲁迅文章里的一缕亮色，是美好的回忆，是对理想的追求。《雪》亦是如此，认真研读，会读出不一样的色彩，你的课堂活动便丰富了。

朱自清的《背影》也可以用色彩来设计课堂活动，活动名称叫"寻找色彩，整体感知"，引导学生找出课文中关于色彩的语句：

我将他给我做的紫毛大衣铺好座位。

我看见他戴着黑布小帽，穿着黑布大马褂，深青布棉袍……

我再向外看时，他已抱了朱红的橘子往回走了。

我读到此处，在晶莹的泪光中，又看见那肥胖的、青布棉袍黑布马褂的背影。

　　借助颜色，学生完成了对课文的感知，再从服饰分析人物所处的环境、家庭背景。从父子俩的服饰对比中凸显父爱，"朱红的橘子"是灰暗的色调中的一抹暖色，也彰显了父子亲情交融式的炽热情感。"寻找色彩，整体感知"的活动，不是让学生凭空说话，而是要结合文本找依据，做到有理有据，更重要的是要让各个层次的学生都有话可说。这样的课堂活动让学生对文本的分析有自己独特的理解，教师与学生的思维也会碰撞出火花。运用色彩设计课堂活动的例子很多，《故都的秋》就可以从色彩去"饱尝北国之秋"。新颖的课堂活动有效开展的关键在于教师的知识储备和创新意识。

　　广告设计在语言的运用上可谓独具一格，可以谐音，可以"别字"，可以一语双关，还可以利用象形文字变形……很多年轻教师不敢开设文言文公开课，一是难懂难教，二是课堂活动没有新意。生活中处处皆语文，我们要拥有一双发现的眼睛。2011年深圳举办大运会，深圳公交站台的《论语》公益广告成为文化风景，可以由此得到启发设计出《论语十二章》的课堂活动。师生共同提炼出重点字词，让学生自己选择一个字或词设计成公益广告，要求出示原句和意思，并说说选择和设计的理由。君子、信、省、恭、笃、志、仁……这些字词不仅是重点字词，而且意义深刻，又有启发意义，成为公益广告内容为世人所知，非常有意义。教师指导学生用拆字法或者变形法来拓展字词的内涵。比如："信"字是"人"＋"言"，说话诚实，讲信用，"仁"字从"人"从"二"，表示两个人亲近友爱，人们互存、互助、互爱，"仁者爱人"。"君"字是"尹"＋"口"，用口命令官员办事的人——君主，后引申为"有社会地位的人"，再引申为"有道德的人"。孔子重构"君子"的理念：尊贵的人、高尚的人。"志"字是"士"＋"心"，表示士者从心，能坚持自己的本心，称为有志之士。"省"字是"少"+"目"，有个学生设计得非常巧妙，把下面的"目"字画成了眼睛，人很少用自己的眼睛审视自己就是反思得少了，多看看自己、多审视自己的内心，人就会"反省"很多，"省悟"很多。这样的课堂活动极大地调动了学生言语学习的积极性，师生之间围绕文本在课堂活动中提升语言梳理、语言欣赏、语言分析、语言运用的能力。

三、情境表演，激起课堂的活力

"作者胸有境，入境始与亲。"语文课堂中教师引导学生进行情境表演，会让学生入情入境，明情会意，走进文本，走近作者。情境表演是学生最喜欢的课堂活动之一，学生在活动中创造，在体验中学习，在愉快的情境中开启思维。捷克著名的教育家夸美纽斯说："教育是一种教来使人感到愉快的艺术，它能使教师和学生全部得到最大的快乐。"这种愉快的教学情境需要教师搭设平台，给学生一个展示的舞台，我们的语文课堂会如"一江春水"，活力满满。

情境表演是公开课中最受师生欢迎的课堂活动之一，但我们的目的不是单纯表演，而是有明确的教学目的和意图，以强化学生的语言实践运用能力，提升学生听、说、读、思、做的综合素养为主要目标，具体到一篇文章还需要与本课的教学目标相关联。"入其境知其事，明其事而通其情。"课堂"入境"的标志之一是师生互动、积极思考，共同处于一种"教"与"学"交融渗透的状态，教师对学生进行针对性指导，激发学生研读课文、分析文本的潜能，做到"教学做合一"。

情境表演需要六个基本步骤：讲授、领会、想象、表演、体验、评价。《唐雎不辱使命》用了大量的对话描写来展现人物性格，教师可以提取重点，分析难点，引导学生钻研教材，把重点的实词、虚词、句式提炼出来，让学生加深理解，同时也要将人物的语言、动作、神态"提炼"出来，引导学生揣摩品味。学生领会了意思和情境，发挥想象，才能表演到位。学生通过教师的讲授和自己的领悟进行再创造，这个体验就是主动把课本内容纳入自身的认知范围并产生共鸣的内化过程，只有内化于心的知识才能成为自身的能力。情境表演只有少数同学能参与，课堂时间有限，可以让其他学生参与评价，即以文本为依据对表演者进行评价。比如对于秦王的"不说""怫然怒""色挠"的神态，唐雎步步紧逼的语气，以及秦王前后语气、语调的变化，表演者是否表演到位，在评价的过程中，学生又加深了对文言实词和句式的理解，同时对人物性格有了更深的理解，优化了课堂结构和学习过程。

教材中小说、戏剧、寓言故事等都是很好的情境表演素材，可以让学生进行整体性的表演。着重刻画人物的散文可以进行片段式的表演，例如《背影》当中"望父买橘"的经典片段，父亲翻过月台的一系列动作，可以让学生进行表演，体验父亲的艰难；还可以创设一种氛围增加现场感，比如配上《父亲》的歌曲营造情境，深情的叙述、动人的乐曲、逼真的表演将师生带入令人动容的情境当中。教师可以采用多种手法创设情境，引发学生的共鸣，促进学生有更深的内化体验。《秋天的怀念》中史铁生一句"我可活什么劲儿"与母亲连续三句"好好儿活"引起读者对全文的阅读思考，也是对生活态度的积极思考。提炼出母亲与儿子的对话、动作让学生进行情境表演，回到文章的情境中去，我们似乎成了坐在课堂椅子上死命捶打自己的史铁生，成了"悄悄地躲""偷偷地听"，承受生命苦难的母亲……入情入境地去走近人物，对"生"与"死"进行哲学意义上的探寻，这样的课堂才具有生命的活力。《琵琶行》《孔雀东南飞》等这样具有多角度、多层次的课文，更需要入情入境地去感悟人物丰富的情感，体验其复杂的心理变化。

叶澜教授说："课堂教学蕴含着巨大的生命力，只有师生的生命活力在课堂教学中得到有效发挥，才能有助于新人的培养和教师的成长，课堂才有真正的活力。"把情境表演引入课堂，能给予学生更多的心灵自由，满足他们的兴趣和好奇心。通过生命活动中的感受、理解、领悟、欣赏，以及对以往的知识经验进行再发现、再加工、再创造，学生才会"活"起来。教师把讲台变为学生表演的平台，不断促使外部的知识内化，引发学生的共鸣，发挥想象，在体验中进行创造，如此，我们的语文课堂定会"活"起来。

四、绘画插图，为语文课堂助力

在语文课本里，有很多的插图，这些图画是根据课文的内容和情境画出来的，有利于促进读者对课文内容的理解，很多高明的老师会利用插图设计课堂活动。文学和艺术本是一体，很多文学家也是出色的画家，如能引导学生通过绘画的形式走进文本，会给课堂带来意想不到的艺术效果。绘画是用色彩与线条表达生活中的美，展现审美的艺术世界，是可视的艺术，可补文学之短。绘画可以营造一种与文章内容相符的教学情境，使学生置身于特定的情境中，通过自己的创作形成一定的情感，从而很好地理解和体会文章内容、作者情感，不知不觉有了独特的领悟。

苏轼评价王维的诗"诗中有画，画中有诗"，我们就从王维的诗讲起。王维的诗意象明确，意境悠远、开阔。我们讲王维的《使至塞上》可以引导学生课前勾画出意象：征蓬、归雁、大漠、孤烟、长河、落日，根据自身所长绘出整体画面。学生有的用简笔勾画，有的画素描，有的画油画，有的画彩画，各式各样的，把塞北风光描画得别有风味，很符合诗中雄浑开阔的意境。课堂上让学生说一说为什么这样作画，这些意象体现了诗人怎样的情感。有个学生不怎么会画画，教师引导她用简单的图形勾画出心中的画面，然后表达出来即可。她随意用曲线画出了长河，用圆形画出了落日，她产生了独特的感悟：人生如长河，诗人看到弯弯曲曲的长河，想到自己的人生曲折不堪，心中不免有一丝悲凉，但当诗人看到殷红的落日时，心中产生了丝丝温暖，心境逐渐开阔。

通过将绘画引入课堂活动，让学生耳、眼、口、手并用，调动各种感观解读诗词，从而如观其景，在情境中领悟诗词内涵，学生的个性化解读定会令教师意外又惊喜。这样富有创意的课堂活动，让学生的语文兴趣得到了激发，思维也得到启发，学生心中有了独特的体验，有了别出心裁的发现，也有了青春个性的感悟。

《木兰诗》读起来朗朗上口，节奏美、音韵美通过朗读展现了出来，再增添"文与艺"的创意课堂活动，学生更是兴致勃勃。让学生画出心中的木兰，学生有的画的是女装，有的画的是戎装，还有学生画了"一半英勇豪迈敏捷男人心，一半爱美柔弱细腻女人心"的双面脸谱。学生在画木兰的过程中，有了自己的感触，对木兰的理解有了独特的思考，在课堂上才有个性表达的欲望，甚至会有教师意想不到的文本解读。语文课程标准指出，要"拓展语文学习的内容、形式和渠道，使学生在广阔的空间里学习语文、用语文，丰富知识，提高能力"。将艺术融入语文课堂，这样的创新课堂活动，拓展了学生学习语文的形式，激发了学生主动学习的潜能，培养其创造性思维，同时提高了学生的理解、评价、鉴赏能力，还将美育渗透到学科教学中。

课堂活动是一个语文教师全部教学艺术和教学智慧的集中体现。教师要精心策划课堂活动，将知识转化为能力，随文而教，随活动而教。每个文本都有独特的魅力和鲜活的生命，课堂活动的策划要契合文体特点，牢记"学生本位"的教学理念。课堂活动在很大程度上，是将教学目标化解为细节化的操作步骤，让学生去尝试、去领悟、去体验，可以说，课堂活动循序渐进、张弛有度、分层推进是一种高层次的教学境界。语文课堂活动还可以如徐杰老师推荐的设置"故事补白""演讲""辩论""对比分析""分层朗读""读写结合""情境再现""矛盾设置与解析""资料穿插""课文变形""续写故事""联想与想象"等形式新颖的活动。

课堂教学活动要有启发性和挑战性，还要有趣味性。洪宗礼说："课堂有序又有变，教师不可墨守成规，要在教学中探索变的规律。教师要根据教学内容设计符合学生全面发展、终身发展的活动，调动学生主动学习的潜质。"这是点出了语文课堂教学改革中关键的一句话，要做到"教学做合一"，就必须进行课堂活动设计方面的创新研究，这样才能有灵动立体的语文课堂，才能激发学生的生命灵性。

主 题 四

语言的艺术表达

苏霍姆林斯基说："教师高度的语言修养，在极大的程度上决定着学生在课堂上脑力劳动的效率。"教学语言贯穿一堂课的始终，作为语文教师，其语言运用有示范作用，要培养学生的语言运用能力，首先教师自身要具备较高的语言素养。年轻教师若想在公开课上取得良好的效果，教学语言要力求简洁明快、准确精炼、自然流畅。教师要通过对自身语言的提炼，传递给学生更高级更有艺术气息的语言表达方式。所以，在语文教学过程中，教学语言的艺术表达显得尤为重要。

教师的语言是"一种什么也代替不了的影响学生心灵的工具"。课堂上若要做到"因声循情""抵达心灵"，我们可以从教学语言的"物""序""理""情""趣"几个方面锤炼语言的表达艺术。

一、言之有物，精炼明确

公开课讲究教学流程的完整性，对教学效率的要求较高。因此，教师要尽量省略不必要的话语，做到语言精炼明确。能够使用精炼而明确的语言进行教学，是教师语言艺术的一种表现形式。要有这样的语言魅力，语文教师需要"言之有物"，即用简洁准确的语言来表达清楚意图，尽量避免使用模棱两可、词义不明、笼统空洞的课堂语言。

很多年轻教师在上公开课时，教学语言非常笼统，总是发出大而空的教学指令。比如，朗读是语文课堂常用的形式，语文老师大多数是这样发出教学指令的：让我们有感情地朗读这篇课文。乍一听，这句话没有什么问题，但是细品就会发现很笼统。用什么感情？整篇文章都用一种感情？学生其实并不明确，就凭感觉读一通。然后，老师说，读得好！但是，哪里好？怎么好啦？学生依然不知道，因而并没有获得实质性的朗读能力，课堂效率可想而知。朗读指导要"言之有物"，教师的指令性语言要细致明确。比如《马说》这一篇文言文，朗读的语气不能一概而论，每一段朗读的语气都不同，甚至有些句子的朗读语气还要特殊处理。如何让学生明白用怎样的语气朗读？看看余映潮老师的课堂教学语言：

师： 通过句末的叹词——三个"也"字来体会文章的语气（大屏幕显示），你们觉得分别用什么语气来读？

生： 惋惜、不平、愤慨。

师： 这里第一个"也"字要读出惋惜的意味。再看第二个"也"字，要表现出不平的语气。第三个"也"字要读出作者愤慨的语气。好，把上面三步结合起来，注意停顿，注意句中关键词的语气，注意句末虚词的语气（大屏幕显示），再自己试着按这三个要求来朗读。

余老师的朗读指导"言之有物"，抓住三个"也"字的语气，指令明确，要求清晰，学生按指导进行朗读，课堂效果非常好，听课的老师都情不自禁地朗读起来。所以，教师言之有物，会让课堂教学语言指令明确。用准确的语言表达教学意图，这样学生才能从教师处获得准确的信息，明确学习目标，从而节约课堂时间，将注意力专注于教师的授课内容，提高课堂效率。

二、言之有序，穿针引线

我们在上公开课之前，要把所讲内容按照一定的逻辑整理清楚，还要理清教学流程的次序，用清晰、具有逻辑性的语言贯穿整堂课，比如，如何导入，如何过渡，如何点拨评价，如何收束结尾等。教师在课堂教学中言之有序，课堂就会进行得井然有序，达到事半功倍的效果。要"言之有序"，最有效的方法就是围绕所教内容的目标和重点锤炼核心语言，我们来看看熊芳芳老师在《我与地坛》当中的教学片段：

生： 我感觉到了生命在落幕的那一瞬间的那种灿烂，还有生命的不息。

师： 嗯，不息，也就是一种力量，是吧？

生： 是。

师： 一种力量和生气，就像雪地上孩子的脚印一样，还有古柏的镇静是不是也是一种力量啊？

生： 对。

师： 无论你是忧郁还是欣喜，它永远如此镇静，这就是一种生命的力量。那么我们看到，这一处的景物描写，是园子里的生命用它的力量在怎么样啊？

生： 鼓励。

生： 激励。

师： 很好！用力量激励我！（板书：用力量激励我）所以，史铁生在这个园子里面得到了重生。他告诉我们，尽管"这古园的形体被不能理解它的人肆意雕琢"，但"有些东西是任谁也不能改变它的"，那就是生命的力量。生命的力量，谁也不能改变。

在这样的课堂上，以生命意义为核心，以史铁生的思考为线索，贯穿整个课堂，逻辑清晰、严密。熊芳芳老师的教学语言围绕"生命的力量"，引导学生思考史铁生的生命意义，用"生命的力量"穿针引线，承上启下，点拨评价，教学语言具有精炼、精彩、精巧之美，学生的素养和生命得到潜在的滋养。

三、言之有理，启发激励

常言道："言之有理。"话只要有"理"，大多是容易被接受的。课堂教学中，教师言之有理，理到其成，学生才会听得入心，心悦诚服。语文课文中蕴涵着丰富的道理，教师以理性的语言启发学生，引发思考，对学生的发言还要有激励性的评价语，这样才能激发学生对语文学习的兴趣和探索。

我们讲语文教材中的"理"，不能生硬说理，要顺势而导，这个"理"要有前期课堂教学的预设和铺垫，随着教学环节步步引导，教师说"理"顺其自然、水到渠成，才能形成课堂教学艺术。

比如在《马说》这堂公开课中，通过前期的初读、译读、品读，学生与韩愈的"不平则鸣"的愤懑之情已产生了共鸣，这时教师话锋一转，说理片段自然巧妙。

师：韩愈"不平则鸣"，为天下寒士，为国家社稷喊出一声"不"。他也并没有因"不平"而不思进取，而是积极努力，在文学上一鸣惊人，同时还不遗余力地举荐人才，比如"僧敲月下门"的——

生：贾岛。

生：还有李贺、张籍、孟郊。

师：韩愈这匹千里马屡次被埋没，但他没有就此颓废，而是发愤进取，还有"穷则独善其身，达则兼济天下"的胸怀，我们可以慢慢领悟。时代不同了，你们这些千里马只要努力起来"马不停蹄"，定能马到成功，一跃千里！

这样的说理，与《马说》中的说理一样有技巧，容易引起学生的共鸣，学生不仅从中得到思想启迪和情感熏陶，还受到了老师激励性语言的启发，以后会有不同的人生感悟。

语文课堂需要讲"理"的地方很多，但一定要讲得熨帖、自然，才能使课堂有艺术的美感。比如，教学《论语》，孔夫子的"道理"讲起来是非常多的，但是要讲得自然巧妙就需要多动脑了。我在讲"吾日三省吾身"时说道："省"字是"少"+"目"字的组合，我们很多时候少了一双审视自己内心的眼睛，对自身的反省不够，所以要像孔子一样多次反思自己，有更多的醒悟。

由一个"省"字讲到要勤于反思自我，道理通俗易懂，说理也自然巧妙。语文教师言之有理，"理"应自然，不露痕迹，学生自然而然也会"理"出其中的奥妙，这样的公开课就会产生推进流畅之美，更有内核深厚的艺术之美。

四、言之有情，推波助澜

教学语言风格因教师个人特质而不同，有的激情四溢，有的温柔委婉，有的则平静如水……我们每个教师都可以充分发挥自身的特长，展现语言魅力，同时注意不同文体应用不同的教学语言，散文则优美，说明文则准确，抒情类则深情，议论文则严谨……中国古代的教学论著《礼记·学记》说："善歌者，使人继其声；善教者，使人继其志。"教师的课堂语言是一门艺术，善于讲课的教师，其语言或声情并茂，或抑扬顿挫，或娓娓动听，总之言之有情，富有情感魅力，课堂在教师的魅力语言打造下波澜起伏、妙趣横生。这样的课堂必能引发学生学习语文的兴趣，从而调动学生的思维，激发其言语生命动力。

在公开课中，教学语言是课堂乐章中最动人的音符，教师的语言可以在导入起调时引人入胜，主体推进时思索留白，收束结尾时意犹未尽。

（一）导入——引人入胜

捷克教育家夸美纽斯曾形象地指出："一个能够动听地、明晰地教学的教师，他的声音应该像油一样浸入学生的心里，把知识一道带进去。"于漪老师就是这样一位教师，教学语言融知识和审美于一体，她在第三次讲授《春》时这样导入："法国雕塑家罗丹曾这样说，美到处在，只是我们缺少发现的眼睛。我们生活在大自然中，大自然的美可以说是无处不在，它不同于巧夺天工的工艺美，也不同于绕梁三日的音乐美，然而，它似乎是各种美的综合。尤其是我们祖国壮丽的山河，真是美得令人陶醉，在春、夏、秋、冬不同的季节，不同的地方，展现不同的美姿。"

于漪老师那和蔼的面容、热情的目光、亲切柔和的手势，配合言之有情、温婉明媚的有声语言，让学生充分感受到春天的气息，迫不及待地想读全篇，想陶醉在春天的美景中，产生强烈憧憬春天的愉悦情感。这样饱含深情的导入语，犹如"一锤定音"，音调准确，印在了学生的心灵之中，激起他们探究学习的火花。

（二）主体——思索留白

语文教师不仅要起到语言示范作用，还要激活学生的言语思维，激发他们的言语创造力。所以教学语言节奏要有急有缓，如同流水般有泠泠作响的节奏美感，在这抑扬顿挫的语调中要设有恰当的语言留白，给学生思考创造的空间。比如，我在上《使至塞上》时，会锤炼、引用诗意的语言引发学生思考。

师：透过这苍凉壮阔、色彩瑰丽的画面，诗人内心复杂的情感已体现在诗的文字里，一如王国维所说"一切景语皆情语"。从诗中的意象，我们可以窥见到作者的哪些情思呢？

生：诗人看到了塞外壮美的景色——"大漠""孤烟""长河""落日"，顿时觉得自己很渺小，心中也随之释然，得失荣辱可能都如同那缕"孤烟"慢慢消散，心情变得开阔起来。

师：是的，信奉佛教的王维在雄浑壮阔的景色中，情感得到陶冶、净化、升华，产生慷慨悲壮之情，显露出豁达、超然的心境。叶嘉莹说，"自然景物都具有强烈的兴发感动的力量和生命"。此诗写景自然超妙，让我们看到一颗豁达的心灵。结合意象你们还能读出哪些个人的感受呢？

生：诗人看到弯弯曲曲的长河，想到自己的人生曲折不堪，心中不免有一丝悲凉，但当诗人看到殷红的落日时，心中产生了丝丝温暖，心境逐渐开阔。

教师的语言诗意而富有深情，学生的回答巧妙而富有个性，所谓"言为心声""言之有情"，即美好的语言就是情感的结晶，学生"闻其声"如"临其境"，与诗人的情感产生强烈的共鸣，创造出具有生命活力的言语。

（三）结尾——意犹未尽

"龙头还需凤尾"，课堂结尾精彩，会有余音绕梁的艺术之美。结尾的语言若能再次掀起波澜，会为这堂公开课锦上添花，令学生心中求知的火花继续燃烧。

我们仍然来看看于漪老师的《春》这节课的结尾："在我们眼前展现的是春光无限好的景色！要把全文背诵出来，仔细体会朱自清先生文章的用词造句的妙处。他写的这篇文章呀，很清新，就好像小河里的水流淌下来一样！这些词句都从他的笔端流淌出来，我们要好好地学习怎么样抓住景物的特点来写。他是笔笔扣住春天景物的特点来写的，我们学完之后要写一篇抓住景物特点来描写的文章。"

于漪老师饱含诗意、首尾呼应的教学语言，根植于她对语言的推敲、创造和润色，辅以悦耳抒情的语音语调，舒缓美妙的节奏，学生又怎能不受到言语的锤炼和情感的濡染呢？对教学语言艺术的敏感会激发出教师的语言灵感，讲春则情满春天，讲海则情溢大海，将美好的词汇演化成扣人心弦的美妙篇章。

五、言之有趣，和谐共鸣

孔子曰："知之者不如好之者，好之者不如乐之者。"教师若能以生动形象、幽默风趣的语言拨动学生的心弦，激起他们的兴趣和求知欲，让他们在快乐的氛围中沉浸式学习，语文学习对他们来说会有很强的吸引力。课堂教学中的"言之有趣"是要求教师讲究教学语言艺术，若要做到"言之有趣"，除了教师本身的语言素养以外，还要将所讲内容和文本的语境，以及当时的课堂情境结合起来，让学生结合语境、情境以及自身的体验、体悟去领会知识的内涵。

马卡连柯说："教育的技巧就在于随机应变。"教师若要"言之有趣"，是需要教学机智的。这种幽默的教学机智会让你和学生建立良好的、融洽的关系，对大多数学生来说，与老师建立和谐融洽的关系是高质量学习的关键因素，他们会通过自我激励来努力学习。对老师来说，建立融洽的关系，意味着打开一个渠道，在相互尊重、相互交流的关系中共同学习。

语文教师可以从以下几个方面让教学"言之有趣"，与学生和谐共鸣。

（一）巧借教材中的幽默元素

很多文学作品的作者都是"用意十分，下语三分"，教师要用机智的语言激活学生的言语思维和动力。

在一节公开课上，老师讲的是《陌上桑》，讲到描写罗敷的句子："行者见罗敷，下担捋髭须。少年见罗敷，脱帽著帩头。耕者忘其犁，锄者忘其锄。来归相怨怒，但坐观罗敷。"这是侧面描写，以风趣幽默的语言描写出罗敷的美貌，其他人因为观看罗敷而耽搁了正事。教师正在板书侧面描写的妙处时，一位女生偷偷拿出镜子对镜欣赏起来，学生们偷偷地在下面笑，老师也觉察到了。这位老师的语言非常有智慧，她说："这位女同学和罗敷一样美丽呢，你不用对镜自我欣赏了，让同学们一起来欣赏你的美貌。"接下来，她让学生用侧面描写的技巧描写那位女生的美貌，又顺势着重强调了她板书的侧面描写的技巧，这种基于真实情境的写作，学生的兴趣和思维被调动起来，描写出来的语言非常精彩。教师机智的教学语言和策略，不仅让那位女生重新认真听讲，化解了矛盾危机，也让学生在真实的情境中真正掌握了侧面描写的技巧，这种知识的讲授和教学智慧会让学生终身难忘。

（二）妙用情境中的临场智慧

有时在公开课上，会出现一些意外情况，这些情况都是有一定情境的，机敏的老师善于运用临场智慧化解紧张、尴尬的气氛。

我记得我的数学老师特别幽默，一次公开课上，全乡的领导和老师都来听课，两个男生刚打完乒乓球急匆匆回到课堂，全班特别安静，所有眼睛齐刷刷地看着他们，慌乱中他们的乒乓球掉在地上，发出"叮叮当当"的响声。数学老师看到了说："哎呀，这是谁下的蛋啊！"全班都哄堂大笑起来，紧张的气氛一下子活跃起来。接着老师说："这个应该不是蛋，是今天老师要讲的幂的运算当中的数字'0'，你们今天学了'10'的幂运算后，可不要漏掉数字'0'哦！"老师富有幽默的教学，让我至今难忘，他带给学生的不仅是知识，还有欢乐，更有对学生的理解和关爱。这种幽默和智慧深深影响了我，当老师后，我时常想起这位富有智慧的老师，尽量用幽默的语言和学生建立融洽的关系。

我想起在一所薄弱校上《小石潭记》这一课时的情景。

师：我们来看一下这一句文白对译：潭西南而望，斗折蛇行，明灭可见，其岸势犬牙差互，不可知其源。

生：向潭的西南方向望去，有很多蛇在爬行，若隐若现的，岸边有很多的狗牙掉下来，不知道是什么原因。

师：好好的清幽宁静的氛围，被你们说成了恐怖片。

生：哈哈，老师你太难了。

师：可不是吗，人生艰难啊，不过还是没有柳宗元那么难。

生：老师，你真幽默，哈哈……

师：不幽默，不成活啊！

美国著名的教育心理学家布鲁纳曾说："追求优异的成绩……不但同我们教什么有关系，而且同我们怎样教和怎样引起学生的兴趣有关系。"这样有趣的教学语言除了在知识层面上循循善诱以外，更难能可贵的是体现出教师能站在学生的角度换位思考，能理解学生的窘境、困境，教学由此日益精进。

（三）化用名篇中的名言名句

幽默的教学语言是一种高雅的审美力，除了在欢乐的氛围中让学生掌握知识外，教师还应用激励性的语言启发学生成长，而智慧幽默的语言更能触动学生的情感，启迪思维，使其印象深刻，可谓"言有尽而意无穷"。

很多优秀的教师都会化用名篇中的名句激励、评价学生，让知识性、生活性和启发性融为一体，在课堂上创造"微体验"式的教学形式。比如一位老师正在讲"小扣柴扉久不开"，一位同学"砰"的一声推门而入，老师问大家："诗人去拜访朋友，为什么是'小扣'，不是'猛扣'呢？"有学生说："'小扣'说明诗人是文人，有素养。"老师对刚才"猛扣"门的同学说："你认为呢？"那位同学红了脸说："我下次会'小扣'的。"老师"言之有德"，学生心领神会，这样的表达艺术、教育效果水到渠成，润物无声。一位老师在上《琵琶行》，学生朗读后，她对其中一个学生说，你的朗读如"大珠小珠落玉盘"一样优美，她对另外一个朗读的同学说，你的朗读有"未成曲调先有情"的动人旋律。这样将课文内容与评价结合起来，有着非常巧妙的语言表达艺术。

六、言之不尽，意味深长

苏联教育家马卡连柯说："教学语言是最重要的教学手段。"老师言有尽而意无穷，在课堂上寥寥数语，却为学生打开了一扇扇思维的窗户，让学生尽情地思考、充分地想象，言之不尽而思也无涯，这应是教师课堂语言的最高境界。

情境的用心创设

随着新课程标准的实施，创设教学情境的能力也成为重要的教师专业能力。所谓情境创设，就是根据教材的内容、教学目标和学生的心理特点，创造一个情景、一种气氛、一个环境，让学生产生一定的情感反应，能够主动积极地进入探究性学习。情境的创设可以贯穿于全课，也可以位于课的开始、课的中间或课的结束。通过教师的调动，创造出各种情境，激发学生的主动性和创造性，让学生在情境中感知、理解、领悟，才能呈现具有活力和审美的课堂。

中学语文教材中的作品大都文质兼美，浓缩了众多精华，那些触人心弦的文字洋溢着美妙的生活气息，凝聚着美好的生命情怀，作品中无处不彰显着智慧，无处不渗透着情感。若要激起学生心中潜在的情愫，教师就要用心创设情境。"作者胸有境，入境始与亲"，有知识融入情境的课堂才会焕发出蓬勃的生命力。

语文课堂情境的创设，可以采用"旁引""美读""造境"等多种教学方式，让学生在"情景再现""情感渲染""情境联结"中入情入境，开启心灵之旅。

一、旁引：情景再现

朱光潜说："人是有情感的动物，而情感是容易为理、事、物所触动的。"我们可以通过巧妙地引用，创造一个情景，让学生仿佛置身在特定的情境中。一般可以采用以下旁引方式。

图像。夸美纽斯说："利用眼睛的帮助去发展想象。"图像是一种直观的教学工具，能调动学生的视觉进入情境。它包括图画、挂图、照片、板书、实物等。

音乐。选取符合当时情境的音乐，调动学生的听觉，帮助学生进入情境。

电影。采用与课文相关的电影片段，视听结合，创设情境。

背景。选取与课文相关联的背景知识，让学生进入特定的情境中，背景知识包括：作者介绍、时代背景、人物关系、相关的故事、历史典故，以及跟课文有关的自然、社会和生活现象、问题、新闻报道等。

演示。演示最能创设直观的情境，在数学课堂中常用，语文课堂中教师可借助教学道具、实物、手势、动作进行演示，借此学生很容易进入相关的情境。

夸美纽斯在《大教学论》里说："在学过的东西没有彻底印在眼睛、耳朵、悟性和记忆里面以前，任何新课都不能进行。"为了让教师的引导印入学生的心灵，可以交叉叠加使用以上方式，注意适宜性、适度性原则，宁缺毋滥，不能喧宾夺主，满堂都是多媒体"电灌"的手段不可取。

比如熊芳芳老师讲王鼎钧的《那树》，在课堂导入时播放了濮存昕朗读的公益片《大自然在说话·红木》，学生马上为短片中的情境所震撼，受到强烈的感染。接下来问学生是否愿意做一次朗读者，挑选《那树》这篇课文中的片段进行配乐朗读，学生兴趣高涨，争先恐后。他们的朗读声情并茂，在朗读的过程中学生已经与作者的情感产生了共鸣，并对主题有了初步的理解。充分的朗读热身之后，才进入文本的内容与语言品味。最后讨论主题时，又将从电影《阿凡达》中截取的关于家园树的短片播放给学生看：家园树神秘美丽，庇佑族人，见证爱情以及最终惨痛被毁的画面，让人深入思考人类与自然的关系。（熊芳芳，《语文审美教育12讲》，华东师范大学出版社）

上《苏州园林》时，可以播放纪录片，或展示一张张摄影作品，引领学生走入江南园林的典雅意境中；上《发挥联想与想象》的作文课时，演示折纸亦能让学生明白"联想"与"想象"的区别，实物演示连通了形象与抽象、实际与理论、感性与理性的关系，学生的思维被打开，从而发挥联想，展开想象……

夸美纽斯曾说："一切知识都是从感官感知开始的。"旁引素材，从感官的各个角度让学生有了形、声、色等方面的感受，课文中的一些场景在学生脑海里、眼睛里情景再现，学生在情境中走入语文天地。

二、美读：情感渲染

语文课堂创设情境，美读是最常用的方法之一。在"读"字前加一个"美"字，因为语文教学要给学生以美的感受和美的体验，课文需要美美地读，美美地品，美美地赏，才能渐渐进入审美的状态。用"美读"的策略优化课堂情境，营造一种气氛，引起学生的情感共鸣，从而入情、入境、入心，达到"境由心生""物我两忘"的审美体验。

（一）燃烧自己

马克斯·范梅南在《教育的情调》中说："气氛是老师将自己呈现给孩子们的一种方式。"教师是课堂气氛的营造者，所以，教师首先要入情入境，充满激情，学生才会进入情境。就如于漪老师所说，"教学激情是火种，而教师首先得燃烧自己"。当教师用豪迈的情感朗读《沁园春·长沙》时，学生也会感受到意气风发的毛泽东"独立寒秋"时的豪情壮志；当教师用悲痛的语调朗读《大堰河——我的保姆》时，学生也会进入哀婉、深情的情境。教师披文入情，一往情深，学生就会在听中入情、动情、生情，师生间产生了互相感染的效应，课堂氛围进入水乳交融、和谐共振的美妙境界，学生在不知不觉之间，思想、情感、品格受到熏陶和感染。

教师不用羞于在学生面前表达真情，真情的流露可营造最好的情境场。我在讲《背影》时，想起中学时代父亲送我上车后转身离去的背影，讲着讲着，落下泪来。朱自清忆起父亲的背影"四次流泪"，感人至深，学生在我动情的朗读中更为深刻地理解了作品中的父子真情。在作文教学《人物传记》的课堂上，我写了《父亲小传》，并把父亲请到课堂上，读着读着，回想起父亲对儿女的无私付出，我潸然泪下，在场的师生无不为之感动，这就是写作重在真情实感的"真实写照"。教师营造的是一个温热的生命课堂情境，学生的主动性和创造欲在情境中被激发，写出来的小传也真实动人。

（二）点燃学生

教师不仅要燃烧自己，还要用激情点燃学生。诸多名师都能以饱满的激情，汪洋千里的情感，美美地品读，调动学生的情绪，将课堂逐步推向高潮。

余映潮老师特别注重朗读，讲《饮酒（其五）》时，通过美美地积累，美美地读背，美美地赏析，让学生整体参与"五步诵读训练法"——读出节奏—读出语速—读出味道—读出意境—读出层次，多角度、渐入式的朗读点燃了学生的热情，整个朗读过程波澜起伏，层层递进，余味悠长，每一次的朗读都离作者的内心更近一步。美美地读，使得文中看不见摸不着的情味、情意、情趣转化成可感、可知的声音。

"美读"还可以"旁引"协助，古代诗词节奏明快，韵律优美，既可诵读，又可咏唱，极富音乐美。讲《使至塞上》时，引入名家的吟诵，在平平仄仄的声调中，学生渐渐进入诗词的意境，教师不断激发学生进行不同层次的朗读，在一遍遍的情境朗读中感悟、提升，结尾时让一名学生吟唱《使至塞上》，课堂氛围达到高潮。这样的情境创设，既可舒缓学生的紧张情绪，又可调节学生的感官压力，使之受到心灵感应，真正进入诗词的境界。

美读，不仅仅靠传递声音来渲染氛围，教师的手势、体态、表情都是很好的情感渲染手段。马克斯·范梅南在《教育的情调》中说，老师对情境要有敏感性和机智。很多时候教师可以通过身体姿势和话语音调来调节氛围，创设情境。比如有教师在讲《记念刘和珍君》时，读到"沉默呵，沉默呵！不在沉默中爆发，就在沉默中灭亡"，教师的音调从深沉到激越再到愤怒，课堂情境全在他的掌控当中，读到最后一个"沉默"时突然稍作停顿，缓缓抬起头，教室里一片沉默，学生的心灵受到了呼唤、激励、鼓动，无论是作者情绪还是师生情绪——沉默到了极点就将是爆发的时刻。结课时学生呼喊式朗读，感情高度激昂，与课文中的思想、情感融为一体，与作者的情感产生了强烈的共鸣。正如《学记》中所说："叩之以小者则小鸣，叩之以大者则大鸣。"

情感渲染的目的在于为课堂教学提供一个良好的情境氛围，学生有了激情和真情就会主动求知和表情达意，这是教学的最佳精神状态。英国教育家洛克说得好："儿童学习任何事情的最合适的时机是当他们兴致高、心里想做的时候。"课堂上情感的渲染、情境的创设，是联系学生"情"与"知"的纽带。

三、造境：情境联结

卡特·贝顿说："在你能触及头脑前，必须先触及心灵。"若要与心灵同频共振，教师还要善于为课堂"造境"，让师生之间、生本之间，乃至与周围的环境之间都能建立情境联结，让学生在情境中倾听、观察、想象和思考。课堂一旦出现"心有灵犀一点通"的局面，就具有很强的凝聚力、吸引力和感染力。中学语文课堂可以通过以下几种方式进行"造境"，建立情境联结。

（一）活动

师生共同的活动或者学生的活动多一些，增加学生的自身体验，学生就自然在情境中了。创意朗读、情境表演、绘画插图这样直观、形象的活动，有助于学生感性认识的形成，并促进理性认识的发展。苏霍姆林斯基认为："人的心灵深处，都有一种根深蒂固的需要，就是希望自己是一个开发者、研究者、探索者。"精心设计课堂活动，由学生自己去创造、去领悟，这样的学习体验才是最深刻的。

（二）装扮

"你若想观照神与美，先要你自己似神而美。"教师的服饰装扮无形中会把学生带入相关的情境中，有些教师上公开课穿得特别正式，其实选择与上课内容相匹配的衣着，会让来听公开课的师生眼前一亮，不知不觉地就已进入情境。很多名师上公开课时特别注重服饰，尽量与课堂内容相搭配。肖培东老师上《就任北京大学校长之演说》时特意穿上中山装，一进教室学生的注意力就被吸引，仿佛到达了那个时代的现场。郑英老师、王君老师上公开课时都会用服饰创设情境。我自己上《荷塘月色》，也会穿上一袭白色的旗袍，上面点染着荷花图案；上《天净沙·秋思》，我会穿上一袭棉质白裙，上面是中国画式的水墨图案；讲解《背影》一文，我会穿上橘色的毛衣，显得温暖而明媚。

从服饰的角度营造意境，创设出主题鲜明的特定情境，会给人身临其境之感，也能调动学生的生活体验，外物与内情相交相融，很容易引起情感共鸣。除了服饰，配饰也能达到同样的效果。比如令我印象深刻的一节语文课就是《周总理，你在哪里》，我的语文老师播放了哀乐，让我们一个个都佩戴起小白花，全体起立朗读。这样，我们一下子就沉浸到与课文人物及作者感情相契合的情境中，这个场景我至今难忘，对周总理的怀念之情一直都刻在脑海里。所以，我在上《秋天的怀念》的公开课时，我和我的学生都穿上了黑色的衣服，创设一种对母亲深切怀念的氛围。我们甚至可以把教室里的一事一物都装扮成与课堂内容相关联的样子。

教师的一言一行、一颦一笑、举手投足，都能传递情感的信号，印在学生的脑海里。教师用"情"造"境"，"情"在"境"中，"境"中有"情"，"情""境"联结，学生的"情"在特定的"境"中被唤醒，不仅学到了知识，而且受到熏陶，教学达到"润物细无声"之效。就如赞科夫强调指出的："教学法一旦能触及学生的情绪和意志领域，触及学生的精神需要，这种教学法就能发挥高度有效的作用。"

（三）跨界

于漪老师说，语文教学不能仅仅局限于"语"和"文"。语文是综合性很强的学科，与艺术、哲学、史学都有着紧密的联系，与数学、物理等学科也丝丝相联，学科融合将成为教育的趋势。我们语文教师可以进行跨界学习，学习各个学科的思维优势，打破学科壁垒，助力语文课堂。公开课教学也可以跨学科听课，将其他学科的元素引入语文课堂，创设情境，语文课堂就有了独特的价值。在这样的情境中，学生的知识、能力、智力、情感、思维都得到了整体发展。

于漪老师早在多年前就提倡跨界，打通学科间的通道。她讲人物性格，就介绍京剧艺术中的脸谱；讲《孔乙己》，就介绍悲剧美学；讲人物特写，引进舞台造型艺术有关内容；讲古诗"留白"，将白石老人的国画《虾》拿来比照；讲辛弃疾的《清平乐·村居》，让学生把诗人的文字白描变成线条白描，再现翁媪的音容笑貌和大儿、中儿、小儿的动作情态，勾勒村野景色。学生在美术"白描"的天地里融入乡村的情境，对诗的情趣、意境进行充分理解。

为了创设情境，我在讲《天净沙·秋思》时，也让学生白描勾画，理解文学中白描的手法；讲《湖心亭看雪》时，画了水墨画，还专门向美术老师请教，并请她来听我的公开课，课上"文画结合"，创设了美妙的情境，学生直观感受到了静谧、苍茫的意境，走进了张岱的内心世界；讲《海燕》时，师生共绘板书，共同进入俄国"社会风云"的革命情境；讲《山水画的意境》时，将国画老师请入课堂现场作画，在这样的情境创设中培养学生的语文素养，使语文学习变成一种自在、愉快的跨界交流活动。孙云晓教授说，有了好的关系，才有好的教育。这句话道出了情境创设的重要作用。

熊芳芳老师说："情境的精心营造就是为了制造震撼，打开心门，让一切可能在课堂上发生。"教师力求将知识融入情境之中，学生在教师的引导下积极融入情境，在情境中获得认知，陶冶情操，塑造品格，语文课堂将散发出情感和素养双向发展的永恒魅力。

预设与智慧生成

预设与生成是新课标倡导的重要教学理念。布鲁姆说："人们无法预料到教学所产生的成果的全部范围。"所以教师要根据教学目标、学生的学情以及学生的需求，以多种形式有目的地、有计划地预设教学活动。教师处理好预设与生成辩证统一的关系，才会呈现精彩的课堂。近年来，教育界一直呼唤真实、自然、本真的课堂学习，认为公开课不应该成为年轻教师的"作秀场"，公开课应该是"动态生成"的活力课堂。

动态的生成给年轻教师带来全新的、充满智慧的挑战。这要求教师要作好充分的预设，时刻关注课堂生成，捕捉、判断、重组课堂上师生互动中产生的有探究价值的新情况、新信息、新问题，进而采取适应情境的应对策略。亦如马克斯·范梅南所说的教学机智与教育智慧，使得课堂教学成为思维碰撞、心灵沟通、情感融合的富有生命活力的动态过程。

一、预设：课堂的生命源泉

叶澜教授指出："要从生命的高度，用动态生成的观点看课堂教学。课堂教学应被看作是师生人生中一段重要的生命经历，是他们生命的有意义的构成部分，要把个体精神生命发展的主动权还给学生。"叶澜教授告诉我们课堂教学是"生命在场"的师生互动过程，学生是富有思想的个体生命，从这个角度看，预设是课堂的生命源泉。

"预设"的终点是"生成"的起点。预设必须熟悉新课程标准，对课程目标准确定位，还需建立在深入研读教材和对学情准确分析的基础上，对教学内容、教学疑难点、教材模糊点、教学过程、教学策略等精心做好预设方案。课堂教学有其丰富性、复杂性、多变性，我们无法预计全部情况，只能预设教学的总体目标以及整体的教学流程，这是预设的灵活性。要使得课堂教学有"走进去"的深度和"跳出来"的智慧，能够不断催化和捕捉有价值的精彩生成，在预设上要做到以下几点。

（一）预设有"弹性"

我们在预设时要保持课堂教学的灵活性，预设不要太封闭，亦步亦趋地按照预设的教案操作，会使课堂显得呆板、沉闷，泛不起半点生命涟漪。预设要有"弹性"，指明教学大方向和达成整体目标即可，教学目标、重难点、疑难点、教学流程可以在生成中修正、调整，这种有"弹性"的预设才能催化灵动的生成。

（二）预设有"留白"

预设越充分，就越有精彩生成的可能。我们强调预设的充分性，但也要树立"丰满与留白"的理念，预设中的"留白"和中国画中的"留白"一样具有艺术的美感。"教材无非是一个例子"，我们并不仅仅教授教材中的文章，超越教材，对教材进行再创造是教学的高要求。超越、再次创造教材的前提是对教材有全面的研读，在尊重教材的价值取向，尊重学生的个体生命的基础上，预设时留足思考的空间，课堂上延迟判断，引领学生去挖掘、深入解读文本，进而对教材进行再创造。这种预设的"留白"是课堂上思与思的激荡、情与情的搏动的一道最美风景，亦如叶澜教授提出的："课堂应是向未来方向挺进的旅程，随时都可能发现意外的通道和美丽的园景，而不是一切都必须遵循固定线路而没有激情的行程。"这种给足学生思考空间的"留白"预设，使得生成丰富而多彩，包含着教学生成，也包含着教学创造。

（三）预设有开放性

语文课堂最具变化性和灵动性，"一千个读者就有一千个哈姆雷特。"教师若想要预设学生在文本研读过程中进行的多元解读，在课堂上对学生的各种生成有清晰的辨别力，就要深入钻研教材，读出教材的深意和新意，把握教材的精髓和重难点，注意教材的"发散点"和"模糊点"。在预设学生活动时以开放式教学的方式，如小组合作、讨论、分享、交流等，通过师生、生生、生本之间的互动，巧妙激发生成。正如苏霍姆林斯基所说："教育的技巧并不在于能预见到课堂的所有细节，而是在于根据当时的具体情况，巧妙地在学生不知不觉中做出相应的变动。"这种灵敏的教学机智需要教师有广博的学识、宽广的胸怀和饱满的热情，以敏锐的眼光和思维及时捕捉灵光一闪的生成，以便因势利导，以变应变，课堂生成才会浪花闪耀，高潮迭起。

二、生成：课堂的生命活力

（一）偏差性生成，转"失"成"智"

叶澜教授让我们从生命的高度去看课堂教学的发展，正是因为课堂是动态的、富有生命活力的，而学生也是一个个生命个体，在课堂教学中，因学生理解不到位而造成课堂生成"旁逸斜出"在所难免。这就需要教师的引导、启发和推动，有时还需要精心修剪，形成"峰回路转"的局面。

在《话说千古风流人物》的公开课上，我问学生"风流"的含义。

"××！"（×× 因为风流韵事上了头条），学生迅速回答，全班不怀好意地大笑起来。

"你认为这个'风流'的含义是什么？"我引导学生。

"浪荡的。"

"你说出了这个词的贬义色彩，我们一起查查这个词的所有含义。"

待学生查出"风流"一词的含义，区分它的词性色彩后，我对学生说："今天我们这堂课探讨它的褒义色彩。"

这节公开课上出现了一点偏差，我充当园丁的角色"修整枝叶"，重申这堂课的主要话题，传递正确的价值观，推动学生主动去探究知识比直接告诉他们正确的知识要有意义得多。此外，在情感价值上也影响了学生，使整个课堂的对话发生了戏剧性的变化，让学生的"不怀好意"变成了"好意"。

除了对话引导促进生成，语文课堂也经常会激情演绎催化生成。在《唐雎不辱使命》的公开课上，我让学生演秦王和唐雎。学生对秦王和唐雎的人物形象把握不到位，为了突显唐雎的性格，学生把秦王演得很羸弱。这与课文当中的内容有偏差，我充分肯定学生的参与，同时指导学生依据文本进行评价、改进，师生共同细读人物的语言、动作，提出了改进建议，这样一来，反而有了意外收获。学生发现把秦王演得"弱"的一个主要原因是对"秦王色挠，长跪而谢之曰：'先生坐！'"当中的"跪"和"谢"理解不当。那时候没有凳椅，人们席地而坐，坐时两膝着地臀部靠在脚跟上。为了向对方表示敬重，上身挺直，臀部离开脚跟，就是长跪，并不是直接下跪。"谢"是道歉的意思，不是感谢。

生生互动、互评，学生自我发现，自我改进，自我修正，让课堂生成转"失"成"智"，课堂因这样的动态生成而更具有生命活力，教师对预设作出具有创意的调整，让课堂也成为情感流动的课堂，师生被这样的"生命现场"激励着，洋溢着生命的喜悦。

（二）错误性生成，转"误"为"悟"

学生由于其体验的缺乏、认知的局限性，对文本的理解会出现错误性生成，教师的教学也难免会出现失误。这些"错误"都是重要的教学资源，我们要善于抓住这些"错误性生成"带来的信息重建。

看看下面的课堂对话，巧妙地重组对话信息，转"误"为"悟"。

师：《记承天寺夜游》中为什么只有他们两个闲人看到了这么美的月色，而其他的人却看不到？

生：因为他们"瞎"呀！

师：真的是因为眼睛瞎吗？

生：心是瞎的！

师：对，他们的心灵瞎，心灵被繁琐的生活、世俗的认知蒙上了灰尘，自然感受不到这份心灵的美景。

我们经常说名师把课上"活"了，这个"活"其实就是善于利用课堂上的一切资源，生成"活"的教学资源。钱梦龙老师教学的《中国石拱桥》就是一个经典案例。钱老师让学生看石拱桥的挂图，然后说说大拱和四个小拱的关系。学生有各种各样的说法，钱老师根据学生说的在黑板上画出来，结果位置越说越不准确，似乎都是错误的表达，最后钱老师让学生看书上的准确说明：在大拱的两肩上各有两个小拱。钱老师这才告诉学生：看，这个"肩"和"各"字是多么重要，这就是说明文语言的准确性。学生无法准确说出大拱和小拱的位置关系，这个早在钱老师的预料之中，钱老师"醉翁之意不在酒"，以画促说，转"误"为"悟"，激发学生阅读的渴望。（钱梦龙，《钱梦龙经典课例品读》，华东师范大学出版社）

于漪老师教学的《变色龙》也是一个经典案例。于老师用曲线来设计板书，表示多变的现象与不变的本质。学生在几百人观摩的公开课上提出异议，指出"错误"，认为用等距离的波峰、波谷不能确切地反映主人公的心情变化。于老为之振奋，让学生发表意见，修改板书，学生积极性高涨。随着"纠正错误板书"的活动走向高潮，师生进入文本的深度解读：波峰、波谷应该频率越来越快，距离越来越短，这样才能活画出这个势利小人的卑鄙灵魂。（于漪，《于漪与教育教学求索》，北京师范大学出版社）这堂课充分体现了于漪老师的教学观：学生是主人。直面于"人"是于漪老师的教育观。于老师尊重学生的发现，引导学生重新审视问题，让学生生成正确的认识，其理解也更趋于正确、深入、全面，形成了动态的生成式的教学。

我们教师尊重学生的生命姿态、思维特征、情感动态，珍视"错误性生成"带来的教学资源，在课堂教学中转"误"为"悟"，才能深刻体悟教育教学的智慧带来的内在欣喜。

（三）个性化生成，转"问"成"思"

当教师从生命的高度来关注课堂时，我们很自然地看到的是一个个活生生、有血有肉的生命体，且每个生命都有其独特性。学生根据自己的体验可能会得出许多个性化的观点，这种个性化的阅读有的可能得到新颖、有价值的信息，有的可能得到有问题的信息。这就需要教师在充分预设的基础上，根据教学情境的变化有随机应变的教学智慧，对学生个性化的生成进行"资源重组"

和"再创造"，亦如马克斯·范梅南所说的：教学就是"即席创作"。

我在上《故都的秋》的教学公开课时，预设让学生自由朗读课文后赏析句子，理解文章的思想及主旨。但是朗读过后，一个学生站起来说，这篇文章开头两段有两个病句，而且他读过很多关于这篇文章的病句辨析的材料。我让他说说看，他指出："我的不远千里"当中的"的"字应删去，"秋的味，秋的色，秋的意境与姿态，总是看不饱，尝不透，赏玩不到十足"当中的"味"是可以尝的，"色"是可以看的，应改为"秋的味，秋的色，秋的意境与姿态，总是尝不透，看不饱，赏玩不到十足"，这样搭配才前后对应。他说得不无道理，紧接着其他同学也发现了很多"病句"，这与预设的赏析句子、理解主旨的教学思路不同了。于是，我马上调整了课堂策略，让学生找出"病句"，从这些"病句"赏析秋的意境并探讨作者的情感。学生找出来的有的的确是不符合现代汉语规则的病句，但有的并不是病句，原句表达更有意境，这样的句子就让学生修改后对比，细细斟酌。学生通过自己发现问题、解决问题，对文本的理解更透彻了，对作者情感的把握更深刻了。

这堂公开课因"意外"而精彩，教师灵活改变教学设计，把"问题"转化成学生的思考，让学生产生多种创新的想法，使课堂变成"生成性"的课堂。这样的课堂，学生是课程的创造者和主体，也是知识的呈现者、问题的提出者、信息的建构者，同时还是课堂的开发者，使得课堂内容持续生成与转化，课堂意义不断建构与提升。

《科学学习：斯坦福黄金学习法则》的作者丹尼尔·L·施瓦茨指出："老师在备课的过程中需要作好万全的准备，来应对学生们可能提出的千奇百怪的问题。"学生由于个体差异，会产生不同的问题，有些问题还会偏离文本的中心。如《木兰诗》一课，学生认为花木兰是女权主义的代表，在电视剧中是"玛丽苏"式人物，这样个性化的解读并没有遵从文本本身的价值观和时代背景，偏离了主题。对于这样的"奇思妙想"，教师要瞬间作出价值判断，利用文本语言分析和时代背景引导学生回到"正轨"。从文本内容和"双兔傍地走，安能辨我是雄雌"的结语，分析出木兰的形象：木兰具有中性美，有男性的勇敢，有女性的妩媚，可谓"一半英勇豪迈敏捷男人心，一半爱美柔弱细腻女人心"。丹尼尔·L·施瓦茨指出："学生们提出的问题也会帮助老师梳理知识内容中蕴含的逻辑关系。老师还能以学生在运用所学内容时的表现作为有效反馈，不断完善自身对于知识的理解。"由预设到生成，主体是学生，主导是教师，发现学生的认知偏离"轨道"时，教师要做出有效反馈，这样"生成的契机"发生了质的转化，使教学向有效生成的方向迈进。

有时候课堂上会有"节外生枝"的情况发生，这样的问题不关乎知识和智力，而是"意外"事件，这时更需要有教学机智。马克斯·范梅南说："机智能对意想不到的情境进行崭新的、出乎意料的塑造。"比如在上《从百草园到三味书屋》时，我正在讲雪地捕鸟情节中的动词，一个学生突然站起来做了一系列不雅的动作后坐下了，学生们哄堂大笑。我说："同学们，就刚才那位同学的动作，请用准确的动词描写出来。"一学生描述："他站起来，抖了抖他的肥肉，扭动腰肢，甩出肚腩，伸伸胳膊，用他粗壮的手指拍打脸部脂肪，无比妖娆地坐下了……"学生已经笑趴下了，我也乐不可支！教师能够分辨出富有意义和价值的教育时机，就能机智地在原计划上临时发挥。

课堂的智慧生成，不仅要有能捕捉到"生成"的敏锐目光，也要具备随机利用"生成"的敏捷思维，更要拥有允许学生个性化"生成"的宽广胸怀……

（四）浅表化生成，转"石"成"金"

学生的思维还处于发展阶段，阅读理解难免流于浅表化。教师要注意激发学生的阅读体验，帮助学生在文本与思维之间找到支点，架构好平台，让学生的思维向纵深发展，拓宽学习的广度，增加学习的高度。

课堂是不断生成的，每位老师、每位学生的特质都不同，由浅到深地探究文本，有赖于教师对文本的解读、对学情的分析、对课堂情境的调控等因素，教师可以在此基础上发挥所长，在这里，提供几种常用的方法。例如：穿插引进、对比阅读、递进阅读、群文阅读、拓展延伸、触类旁通、情境创设、点拨迁移、史哲纵横……熊芳芳老师在教学《我与地坛》一课时，提了两个主要的问题，一是"我"看到了什么？二是"我"思考到了什么？为了让学生深入思考文本的价值和内涵，熊芳芳老师穿插引用了史铁生获得 2002 年华语文学传媒大奖杰出成就奖时的授奖词，还引用了叔本华、伊壁鸠鲁、周国平、李开复等人的名言，在三处不同的片段朗读中用了三种不同的音乐创设情境，整堂课深入浅出，文、史、哲纵横穿插，增加了文本的厚度，开拓了学生的视野，加深了学生对主题的领会。

叶澜教授指出：教学过程中师生之间要建立起的是特殊的"我与你"的"人—人"关系，让学生结合自己的经验、体验、问题、想法或预习时收集的信息，进行多种形式的交流，实现教学过程的资源生成。学生不是"顽石"，教师搭设互动交流平台，捕捉有效资源，智慧点拨，就能点石成金，课堂生成亦会变得灵动而富有智慧。

预设与生成是一对矛盾统一体，有"预设"这一课堂生命的源泉，才有具有生命活力的"生成"。教学生成的过程犹如师生共同的教学"探险"，这一"探险"涉及教师的教学勇气、教育理念、教学机智、涵养气度和教育境界。我们始终遵循叶澜教授"从生命的高度关注课堂教学"的理念，为学生的终身发展搭设生命的阶梯，精心酝酿课堂生命的甘泉，打造传授知识、交流情感、培养智慧、塑造个性的生命课堂。在这样"动态生成"的活力课堂里将会涌动着好奇，涌动着探究，涌动着求知的欲望，涌动着生命的热情……

结尾的有力收束

公开课的开设应讲究整体的教学艺术，有了"凤头"，还要有"豹尾"。一般来说，课堂结尾要起到照应与梳理、归纳与总结、概括与提炼、转化与提升、拓展与延伸的作用。明朝文人谢榛说："凡起句当如爆竹，骤响易彻；结句当如撞钟，清音有余。"课堂结尾的有力收束，让课堂有"余音缭绕，不绝于耳"之感。课堂结尾的方式很多，在这里提供几种常见且实用的结尾方式，供老师们参考。

一、呼应式结尾，惊回起点

呼应式结尾，即对课堂学习目标进行全面的映照，对导入的设问或者课堂中的疑问与悬念有进一步的回应。呼应式结尾首尾呼应，前后连贯，逻辑严密，让学生有种惊回起点、豁然开朗的感觉。

比如《荷花淀》的教学目标是：（1）引导学生整体探究人物形象。（2）品味诗化的语言。（3）体悟人物身上纯美的人性和崇高。

不难看出，课堂总体目标是：人物、语言、情感。在课堂结尾时映照学习目标，让学生"书写人物的心灵美"——模仿《荷花淀》诗意的语言写群体人物颁奖词。一个学生写道：

你们

是白洋淀的精魂，

虽普通却崇高，

虽平凡却伟大，

巾帼不让须眉。

你们

如芦苇般坚韧，

似荷花般美丽。

你们

亭亭玉立，

香远益清。

通过语言训练，回扣教学目标和重点，使得课堂有了构思巧妙、浑然一体的教学艺术。

课堂结尾与导入互相照应，能解答学生心灵上的疑惑，也非常精妙。比如《湖心亭看雪》的导入语是这样的：有人说，没有看过西湖冬景的，读读张岱的《湖心亭看雪》就可以了。穿越千年，跟随张岱去湖心亭看雪，他到底看的是什么？

课堂结尾呼应开头，回答导入时的设问：张岱是一个有超凡脱俗的雅趣和清高孤傲的情怀的人。张岱去湖心亭看雪，看的其实并不是雪本身，是孤独，是心境，是雅趣，是痴迷于故国的情怀……

呼应式结尾，首尾圆合，惊回起点，引起学生心灵上的美感，有种通透、清灵的教学艺术之美。

二、总结式结尾，画龙点睛

总结式结尾，顾名思义，就是教师通过简短的语言对本堂课内容进行总结，对重点、难点进行回顾，梳理知识点或文章思想，帮助学生理清文章结构与写作特色，加深理解，强化记忆。

余映潮老师上完《记承天寺夜游》，总结了这篇文章的五个美点：美在篇幅的精短，美在内容的丰满，美在月色的描写，美在情感的波澜，美在"闲人"的意味。余映潮老师发现美点，提炼重点，可谓是精妙的课堂结尾。这样的结尾正好与余老师"厚实的背景铺垫""精细的朗读训练""绝妙的结构分析""丰美的妙点揣摩"的教学设计一一对应，加深了学生对课文的理解，提升了思维，也可见教师挖掘文本的功力，更见教师对课堂的运筹帷幄。（余映潮，《余映潮中学语文精品阅读课教学实录》，中国轻工业出版社）

总结式结尾是课堂常用的结尾方式，老师们可以根据不同的文本、不同的题材对课堂内容进行归纳总结，起到画龙点睛的作用。

三、启发式结尾，回味无穷

启发式结尾，是根据文本内容和当中的教育意义，对学生的价值观、人生观加以启发、引导的方式。这样的结尾既是对课堂重点的点拨，又是对学生心灵的点化。

比如《项链》这一篇经典小说，对于主人公的形象，一千个读者就有一千个玛蒂尔德，历来评价不一。我们在课堂结尾时可以这样结语："同学们，玛蒂尔德就在我们身边，是你、是我、是他，因为我们每个人都有人性的弱点。我想说的是，如果我们虚荣少一点，爱财少一点，幻想少一点，而更多地拥有人性中的优点：诚实守信、果敢坚强、敢于担当、勤劳、追求梦想，那么我们就拥有了一副价值连城的项链。且这串项链的价值就不仅仅是它本身的价值了，而是它焕发出来的更有价值的东西：拥有这些美好的品质，展现人性的优点，我们佩戴这副价值连城的项链，会因为历练、成长而光彩夺目，灿烂的生活在等待着我们！"

这样启发式的结尾点明了本节课的内容要点，同时使学生在欣赏文学作品的过程中经受洗礼和熏陶，培养学生良好的个性、健全的人格，帮助学生树立正确的人生观和价值观。

肖培东老师教学《一棵小桃树》的结尾更是具有启发性，而且令人回味无穷。"我常常想要给我的小桃树写点文章，但却终没有写就一个字来。"肖培东老师抓住文章中这个遗憾的空白，结课时对学生说，如果贾平凹只能给小桃树写一个字，你觉得是哪个字？学生说了七个字：敬、念、梦、好、我、怜、美……肖老师激情澎湃地串起了这七个字作为这节课的结语："也许，你的人生路上会有而且必然会有一段可怜的时光，但是，记住，我们并不孤独，这个世界上总有人（物）和你同病相怜。只要我们拥有梦想，敬畏生命，想着远方热爱和想念你的那个人，努力面对，那么，你就能在人生的风雨中找到自我，最后抵达美好！"肖老师当场连成的一段话缀玉连珠，画龙点睛，真令这一棵小桃树华彩熠熠，生机勃勃，这结尾犹如神来之笔瞬间点亮课堂，燃爆全场。

所以，好的结尾，是对一堂课的成功升华，好的结尾，会让一堂课课尽而意无穷，曲终而情未了，真的是清音有余，回味无穷。

四、激励式结尾，石破天惊

激励式结尾，即从学生的思想特征和文章的主要思想的结合点入手，用富于激励性的语言，以激发学生的感情和思维的结尾方法。这种结尾方式要准确把握文章的精神，还要善于捕捉学生思维活动中闪现的火花，做到得法自然，水到渠成。

高尔基的《海燕》有很强的象征意义和激励作用，我们可以以激励式结尾收束课堂："斗转星移，逝者如水。转瞬间，100多年过去了，高尔基笔下的海燕仍有不朽的生命力。我们也应该与时俱进，让海燕的积极、勇敢、乐观的战斗精神在我们和平幸福的生活中发挥作用。"

肖培东老师在《就任北京大学校长之演说》一课中的结尾是这样的：希望这12个字（抱定宗旨，砥砺德行，敬爱师友）也能装载在你们的内心深处，为你们的学校争光！（肖培东，《我就想浅浅地教语文》，长江文艺出版社）这篇文章是演讲稿，肖培东老师抓住演讲稿的本质特征，在结尾处也以激励、呼告的方式收束课堂，语重心长、情感真挚、浑然天成。激励式结尾激人奋进，同时，能引起学生的情感共鸣，有利于培养学生真、善、美的高尚情操。

五、拓展式结尾，融会贯通

拓展式结尾就是教师在课堂内容结束时，对文章进行拓展，引导学生由课内向课外拓展，启迪思维，引发生活积累，促使文化积淀的结尾方法。

比如《湖心亭看雪》就可以用拓展式结尾：冰雪是张岱的象征，是张岱的精神家园。在中国历史上，有多少的文人将情感投射于自然景致之中，寻找心灵的归宿。柳宗元孤身一人寒江静坐："孤舟蓑笠翁，独钓寒江雪。"李后主形单影只："无言独上西楼，月如钩。寂寞梧桐深院锁清秋。"杜工部茕茕孑立，登高长啸："万里悲秋常作客，百年多病独登台。"陈子昂形影相吊，登幽州台："念天地之悠悠，独怆然而涕下。"大家可以阅读更多的文学作品进行合作探究，了解更多的"痴人"情怀。

又如《使至塞上》的课堂结尾："阿米尔说'一片自然风景就是一种心情'，晚年的王维诗中充满这些'空''静''虚无'的人生妙悟。正因如此，王维才被称为一个精通诗书画乐、深悟佛学禅理的艺术天才，他的诗歌创作与他的多重身份密切相关。想要更多地走近王维，推荐大家课后阅读《诗佛传》《王维孟浩然诗选评》。"

拓展式结尾，课内与课外，体验与体悟融会贯通，做到"得法于课内，学法于课外"。

六、板书式结尾，记忆犹新

借助文字、图形、线条等板书元素，将文章重点通过板书呈现出来以结束课堂。板书式结尾，凝练精华，新颖直观，让学生记忆犹新。

比如教学《项链》这篇小说，在课堂结尾时教师通过边总结边板书的形式，将小说的情节、人物形象、人物心理这些重难点在黑板上全部呈现出来，不仅完成了板书设计，而且课堂收束有力，语言、文字、图形完美融合，形成整体的教学艺术。

熊芳芳老师在《西游记》的整本书导读公开课中这样结尾：《西游记》中的人和事是奇幻的，它所传递出来的情和理却是真实的。补充板书：

滥用权力+依靠武力　　爱+牺牲

补充完板书，继续总结，这本书的解读视角和主题就呈现出来了，时间久了，学生也可以通过板书唤起记忆，再次回味这堂课的精髓。（熊芳芳，《生命语文课堂观察》，漓江出版社）

七、想象式结尾，学以致用

想象式结尾，即激发学生的想象力，课堂结束时用寥寥数语引起学生创作的欲望，把自己的想象或说或写出来的结尾方式。

比如《项链》还可以这样结尾："这篇小说构思精巧，一波三折，结尾戛然而止，让人回味。课后请大家设想一下，玛蒂尔德知道项链是假的后，她会怎么样？大家可以根据今天所学，创作剧本分享交流。"

很多文章都可以以想象式结尾，熊芳芳老师在《清兵卫与葫芦》一课结尾时采用续写故事作为课堂教学的延伸。这篇小说的结局是开放式的，熊芳芳老师留给学生一些续写的主题，让学生发挥想象，续写故事，学生的想象力和思维力得到锻炼，续写出来的故事可谓精彩纷呈。（熊芳芳，《语文审美教育12讲》，华东师范大学出版社）

八、活动式结尾，心领神会

在课堂结尾时，可以安排与课文主题相关的活动结束课堂。在《背影》这节课结尾时播放《父亲》的歌曲，学生在动人、动情的音乐中舒缓身心，回味父子亲情，课堂也做到了张弛有度。《登上勃朗峰》结尾时，让学生画出沿途风景路线图。《济南的冬天》结尾时，让学生充当小主播播报"济南冬天的美景"。《琵琶行》结尾时，让学生进行表演，再现诗人与琵琶女相逢时的情景，旁白朗读当中的经典片段，在朗读与表演中引起学生的情感共鸣，抵达学生的心灵。

李镇西老师说过："课堂、社会、心灵应是语文教学的三块有机联系的'空间'。"活动式结尾呼唤教师采取他山之石攻取学生灵动之玉，引导学生向课外或生活延伸，让学生在一个轻松愉快的环境中去回顾课堂，联系生活，启迪心灵。

九、朗读式结尾，余音绕梁

很多文学作品真挚、感人的语言能唤醒学生内心的情愫，通过朗读结束课堂，再现作品情景，感受人物情感，能让学生在理解文本的基础上受到熏陶和洗礼。朗读式结尾，是很常见且用得最多的结课形式。值得注意的是不要泛泛而读，或以随意读去结束课堂，而是要结合课堂内容，以简洁有力的语言顺势引发学生朗读的激情，激其向上，让结尾处的朗读高潮迭起，有种余音绕梁、清音有余之感。

十、留白式结尾，耐人寻味

"言有尽而意无穷"应当是语文课堂产生的理想教学效果。在课堂结尾处留白，给学生留足想象和思考的空间，让学生有发挥的余地，才能激起学生的创新思维和探索欲望，而这种"空间"和"余地"也会引发学生对人生这一课堂的思考。

王君老师在《湖心亭看雪》一课中采用留白式结尾："和张岱同时代有一位文人叫张潮，他曾经说：'少年读书，如隙中窥月；中年读书，如庭中望月；老年读书，如台上玩月。皆因阅历之浅深，为所得之浅深耳。'《湖心亭看雪》一定还有更多的滋味，同学们在未来的日子里慢慢地感悟吧。"（王君，《王君讲语文》，语文出版社）不同的年龄、不同的阅历对文本的理解会有不同的层次，王君老师以留白式结尾，给学生留出思考和感悟的空间，灵动又耐人寻味。留白式结尾让课堂结尾不是终结点，而是激发学生好奇心、求知欲的起点。

课堂结尾无定法，以上的十"招"十"式"并非全部，也不是十全十美的。

教师应根据不同的教学目标、不同的学情、不同的学习情境，设计不同的课堂结尾。"课堂总结绝不是某一节课学习的终点，要进一步拓展思维空间，如'余音袅袅，不绝如缕'，为学生留下无尽思考、想象、探究与创造的新天地。"（特级教师张正耀语）好的课堂结尾立足于学生的成长与发展，促进学生思维的提升，让学生带着"探求的欲望、丰满的情感、学习的热情、收获的喜悦"立于新的起点。

第二节

公开课教学设计及评析

—————————————— 课例一 ——————————————

教学设计

"诗情画意"

——《使至塞上》公开课教学设计

授课地点：珠海市体育运动学校　　授课教师：陈志红

教学目标

知识和能力：有感情地诵读，感受诗词的音韵美；整体感知诗意，了解律诗的一些常识，本诗的写作背景，作者的生平、思想。

过程和方法：以读促悟，品味诗词凝练、含蓄的语言美；抓画面感，鉴赏"大漠孤烟直，长河落日圆"所描绘的意境美；兴发感动，通过意象来把握作者的情思，体味诗中蕴含的丰富情感美。

情感态度和价值观：感受诗人诗歌风格的前后变化，丰富文化积累，培养学生通明豁达的人生观，涤荡心灵，提高人生境界。

通过意象来把握作者的情思，体味诗中蕴含的丰富情感美。

教学难点

感受诗人前后期诗歌所蕴含的内涵，体会王维诗歌境界的变化。

学情分析

八年级的学生，已初具一定的古诗词朗读能力，部分学生还能抓住关键词句去赏析诗歌的内涵与诗人的情感。在这个基础上，引导学生通过想象画面，再现诗歌的意境；通过对意象的赏析，把握作者的情思，提高鉴赏诗词的能力。

教学思路

首先，以王维的四种身份导入并贯穿整个教学过程，渗透格律知识指导朗诵，初步感知诗的声音之美；其次，引导学生抓住画面感，鉴赏诗的意境美，将语言与绘画结合体会"诗中有画"的艺术特色；再次，重点通过意象把握作者的情思，体味诗中蕴含的丰富情感美。最后，将本诗与王维晚年隐居时所作的诗稍作对比，了解其创造的清幽绝俗、空明澄澈、物我两忘的独特诗境，引发学生探究更多诗词的兴趣。

教学特色

以诗人的四种身份贯穿整个教学过程，文学与艺术相融合，品味"诗中有画"的艺术特色。透过兴发感动的"意象"，领悟诗人的情思，以艺术家和佛家的心灵解读王维独特的诗歌境界。

一、诗人与诗韵

（一）读诗人

导入：盛唐时代，有一位诗人——他工草隶，善画，精通音律，诗名享天下，他笃信佛教，人称"诗佛"，他就是山水田园诗人王维。他有多重身份——

诗人。他的诗以描绘山水田园和歌咏隐居生活为主，五律和五绝，语言精美。

画家。宋代苏轼称其"诗中有画，画中有诗"。

佛家。王维，字摩诘，信奉佛教，素有"诗佛"之称，诗中充满禅意的哲理。

隐士。晚年隐居，摆脱尘世繁杂，居处清幽宁静，诗作天才妙悟、神韵悠然。

今天，我们来学习王维的代表作《使至塞上》，感受其中的"诗情画意"，感悟王维多重身份在诗歌创作中的显现。

（二）读诗韵

单车 / 欲 / 问边，属国 / 过 / 居延。（首联）

征蓬 / 出 / 汉塞，归雁 / 入 / 胡天。（颔联）

大漠 / 孤烟 / 直，长河 / 落日 / 圆。（颈联）

萧关 / 逢 / 候骑，都护 / 在 / 燕然。（尾联）

要求：多次朗读，读出层次，读准字音，读出节奏，读出"苍凉雄浑"的感情基调。平长仄短，依字行腔。根据平仄和诗歌的内容含义来调整诗的诵读。

形式：师范读，音频吟诵，配乐朗诵。

二、画意与诗意

过渡：通过诵读我们只能朦胧地感受到诗歌的形式美和韵律美，如若要深入把握诗歌的内涵和感情，我们还需要抓住关键字词，细细品读，反复咀嚼。

（一）知诗意

（1）设疑：苏轼云，"味摩诘之诗，诗中有画"。大家诵读后，脑海里有一幅怎样的历史画面？

提示：人、事、景、情，抓住这四点，结合背景进行描述。

学生自由朗读，独立思考，结合注释和背景，表达描述。

PPT 链接背景：

开元二十三年（735 年），王维在张九龄的举荐下，出任右拾遗。二十四年（736 年）张九龄被罢相，次年贬为荆州长史。李林甫任中书令，这是玄宗时期政治由较为清明到日趋黑暗的转折点。开元二十五年（737 年）春天，王维奉皇帝之命赴西北边塞慰问战胜吐蕃的河西节度使崔希逸，实际是被排挤出朝廷。

（2）诗意：一个孤独的诗人，轻车简从去慰问边关，路经属国居延时，北归大雁正翱翔云天。诗人像随风而去的蓬草一样出临边塞，广阔无垠的沙漠中孤烟直上，黄河边上浑圆的落日渐渐下沉。侦察骑士告知，将官正在燕然前线。

（设计意图：设置一个情境任务，让学生结合背景整体感知诗意，脑海里有一个整体的画面感。）

（二）品意境

（1）画意：诗中哪一联最能体现"诗中有画"的艺术特色？通过你对这一联的理解，试着画一画，并从绘画和语言的角度来鉴赏一下。

课件展示教师自绘"大漠孤烟直，长河落日圆"的中国画。

提示："大漠孤烟直，长河落日圆"描绘了西部边塞的奇特壮丽景色，王国维称这一句为"千古壮观"，它"诗中有画"，这幅"画"壮在哪里？

点拨：PPT展示教师自绘的中国画，从绘画和语言两个角度进行鉴赏。

绘画角度：

构图美：烽烟、夕阳、大漠、长河——苍凉壮阔。

线条美：直烟、曲河、圆日——立体壮丽。

色彩美：黄沙、浊水、红日、白烟——丰富壮美。

语言角度：

"大"字，突出了边疆沙漠的浩瀚无边。

"孤"字，写出了景物的单调，使荒凉的大漠上烽火台燃起的那一股浓烟显得格外醒目。

"直"字，又表现了烽烟的劲拔、坚毅之美。

"长"字，将没有山峦林木的浩瀚无垠的沙漠上那横贯其间的黄河令人震撼的壮阔之美写得淋漓尽致。

"圆"字，突出了在大漠中观落日的特殊感受，给人以亲切温暖又微带苍茫的感觉。

（2）追问：谁能用生动的语言描述出这雄浑开阔的画面？

明确：苍黄的戈壁沙漠无边无际，辽阔的蓝天没有一丝云影。极目远眺，只见天尽头有一缕灰白色的狼烟升腾，殷红的落日静静地悬于黄河之上，落日的余晖洒在河水上，波光粼粼。

（**设计意图**：把语文与美术学科融合，引导学生品味鉴赏，用直观的画面调动学生的思维，文学与艺术相结合，提高审美。）

三、意象与诗情

过渡：透过这苍凉壮阔、色彩瑰丽的画面，诗人内心复杂的情感已体现在诗的文字里，一如王国维所说"一切景语皆情语"。

（1）**设疑**：从诗中的意象里，我们可以窥见到作者哪些情思呢？

提示：学生跟着音频吟诵全诗，在平仄的转换中，圈出意象（熔铸了作者主观情感的客观物象），静静思考，细细品味。

预设：估计学生会有哪些答案。

意象：征蓬、归雁、大漠、孤烟、长河、落日。

情感：失落、孤寂、抑郁、愤懑、悲伤……

板书：用线条和意象连成画面，形成板书。

PPT出示朱光潜在《文艺心理学》中关于移情的描述，用来加深学生对意象的理解，从而明白意象对解读诗人情思的重要性。

（2）**讨论**：学生活动——画一画（课前），写一写，说一说。教师活动——巡视点拨，师生互动，分享交流。

首联：诗人去慰问边关，出使规格是很低的，只有一辆车。"单车"二字十分刺目，万里行程只用"单车"轻轻带过。此时，诗人的眼光只在一车之内，心境也只有一己之大，计较的是个人的得失荣辱，充满了失落、愤懑。

颔联：这两句包含多重意蕴，诗人以"蓬""雁"自比，说自己像随风而去的蓬草一样出临"汉塞"，像振翅北飞的"归雁"一样进入"胡天"。古诗中多用飞蓬比喻漂流在外的游子，这里却是比喻一个背负朝廷使命的大臣，暗写诗人内心的孤寂、激愤、抑郁、忧伤。

PPT出示诗中常见意象：

此地一为别，孤蓬万里征。——李白《送友人》

乡书何处达，归雁洛阳边。——王湾《次北固山下》

颈联：气象陡然一变，诗人看到了塞外壮美的景色："大漠""孤烟""长河""落日"，诗人信奉佛教，是有慧根的，一见到这景象，便把自己的孤寂情绪融入到广阔的自然景象中。诗人立即明白了自己的渺小，心中也随之释然，得失荣辱可能都如同那缕"孤烟"慢慢消散。在壮观雄浑的景色中，诗人的情感得到陶冶、净化、升华，产生慷慨悲壮之情，显露出豁达、超然的心境。

过渡：叶嘉莹说，"自然景物都具有强烈的兴发感动的力量和生命"。此诗写景自然超妙，让我们看到一颗豁达的心灵，而尾联"萧关逢候骑，都护在燕然"却显得非常世俗而不和谐。

（3）设问：除了以上流露的情感外，此诗还表达了什么样的情感？结合以下背景再次体味。

PPT 链接：

据《后汉书》记载，东汉时，大将窦宪率兵大败匈奴，一直追到燕然山，刻石记功，记汉威德而还。

开元二十四年（736 年），吐蕃发兵攻打唐朝的附属小国小勃律（即今克什米尔北部）。737 年春，节度使崔希逸率大军战胜吐蕃军。

明确：突显胜利的喜悦，以及作为大唐子民的自豪和骄傲。唐朝开疆拓土，地域辽阔，出现了许多边塞诗人。

（4）追问："诗佛"王维为何会有这样世俗的逢迎之句？（结合身份和背景探讨）

探究：这与他当时监察御史的"仕人"身份相关。出于世俗礼节或利害得失之需要，王维难免于俗，还处于"有我之境"的诗歌境界。

（设计意图：叶嘉莹说，"自然景物的描写大都是由物及心，有感而发的"，而文字的生命是情思，此诗复杂而微妙的情感难以捉摸，通过教会学生把握意象，结合诗人身份领悟情思，授之以渔，提高鉴赏能力，传承诗教理念。）

（5）唱诵：《经典咏流传》之《使至塞上》唱诵回味。

（设计意图：在韵律美中再现画面美，感受意境美，体悟情感美。）

四、诗人与诗境

对比：从意象入手，探究两首诗在色彩、画面、意境上的异同。

过渡：这是壮年的王维，虽然有些遗憾，但是对官场仍充满希冀，"仕"与"隐"的矛盾是唐代诗人的一个情意结，晚年的王维成为隐士，被称为"诗佛"的他，摆脱了世俗的尘杂之情，开创了恬淡空灵、空明澄澈、清幽绝俗、物我两忘的禅意境界，真正走向"无我之境"。

PPT 出示七年级所学诗歌《竹里馆》：

竹里馆

独坐幽篁里，弹琴复长啸。

深林人不知，明月来相照。

结语：阿米尔说"一片自然风景就是一种心情"，晚年的王维诗中充满这些"空""静""虚无"的人生妙悟。正因如此，王维才被称为一个精通诗书画乐、深悟佛学禅理的艺术天才，他的诗歌创作与他的多重身份密切相关。想要更多地走近王维，推荐大家课后阅读《诗佛传》《王维孟浩然诗选评》。

（设计意图：拓展延伸，感受诗人前后心境、境界的变化，引发学生更多、更深地探究古典诗词，传承诗教精神，提高人生境界。）

五、板书设计

取景入情 征蓬大漠长河 雄浑壮阔 慷慨悲壮 归雁孤烟落日 一如其人

（**设计意图**：板书设计相当于微型教案，图形与文字相结合，重点突出，具有美感和诗意，又让"意象·意境·情感"的诗歌品读方法深入学生心里。从视觉和鉴赏角度，理解王维"诗中有画"的艺术特色，走进王维的内心世界。）

教学反思

属于你的语文课堂

陈日亮先生说：我即语文。我一直以为这是名师们才会有的境界，但随着教学实践的积累，"找寻属于自己的语文课堂"这个想法一直盘绕在我的脑海里，简单来说，就是语文教学要有自己的特色，有与众不同的地方。《使至塞上》是我参加"迦陵杯"诗词大赛的作品，其时离我第一次教授这首诗，已过去十余年了。在这十余年的教学实践中，我努力找寻属于自己的课堂，尽力使每一堂公开课都成为自己的"这一课"。慢慢地，对如何上一堂好的语文课就有了一些思考。

一、拥有扎实的功底

从一堂课可以看出一个教师的教学基本功，拥有扎实的功底才能为学生打下"精神底子"。古典诗词是中国文化的瑰宝，最能附之以"底色"。讲解诗词要考虑导入是否激趣，教学语言是否富有诗意，诗词解读是否有新意，这些都考验语文教师的基本功。

第一次上《使至塞上》，我的导入语非常富有诗意，把王维的经典诗句排列在一块，形成排比句，用抒情的语调导入。很多年轻教师讲诗词都喜欢用这样富有文采的诗句开头。但仔细想想，这样的导入语是否只流于形式，对这堂课有无实际作用？是否能激起学生对古诗的兴趣？是否就是教师在卖弄文采，而学生却云里雾里的？这些问题值得思索。

再次上《使至塞上》公开课，以王维的四种身份导入并将之贯穿整个教学过程。王维的多重身份对他诗歌的创作有很大影响，这堂课从诗人、画家、佛家、隐士四个身份切入来解读这首边塞诗，步步深入、层层剖析以解读王维的情感和诗境。以诗人的身份读出诗歌的形式美、韵律美和情感美；以画家的心灵解读诗歌的意境美，画家的身份又给学生以阶梯和支点感悟塞北风光；从佛家的身份理解王维情感的变化；最后，以隐士的身份领悟王维独特的诗歌境界。一堂课的导入语不仅可以激趣，可以为课堂埋下伏笔，可以串联整堂课，还可以与结尾相互呼应。小而短的课堂导入，作用不可小觑，往往语文教师开课几分钟，听课的同行就可以从导入的构思和语言表达听出七八分的功底了。

教学语言是一项重要的基本功，讲解诗词时，如果语文教师的教学语言富有诗意，能够与诗词的意境交相辉映，那是非常理想的课堂境界。教学语言因个人的气质、兴趣、性格而异，窦桂梅老师说"语文老师本身就是语文"，我们可以发现自我的特点，潜心训练，加以改进，一定可以拥有自己独特的语言风格。修炼语言艺术，有一项基本功绝对不能缺少，就是多读书。不俗的谈吐，丰富的内涵，独特的气质是可以通过日日修炼得到的。"台上一分钟，台下十年功"，教师唯有踏踏实实地打好基本功，才能从"外化"到"内视"，以更加美好的姿态生成富有特色的课堂。

二、富有创意的视角

属于自己的语文课堂一定少不了富有创意的视角，阅读的积累会助力教师以独特的眼光、独到的文化视野重新发现文本。课堂问题的设计、活动的策划，都应源于文本，基于学情，在此基础上，富有创意的教学容易激发学生的思维，启发学生的智慧，让课堂成为师生生命在场的、多维度的心灵对话。

上《使至塞上》这堂课之前，我读了《唐宋词十七讲》《王维诗选》《蒙曼品最美唐诗》等书的相关篇章。教学设计尽量摒弃传统的"作者—背景—诗意—情感"的套路，而是将诗意、诗境、诗情融入具体的活动情境中，教学环节设计为"诗人与诗韵—画意与诗意—意象与诗情—诗人与诗境"，将作者、背景信息穿插在课堂教学的进程中。整体脉络以画家和佛家的视角走进王维的内心世界，课堂教学紧紧围绕"诗中有画"的艺术特色展开。"诗中有画，画中有诗"是历来人们对王维诗歌艺术特色的评论，但如何根据教学情境让学生领悟到？教师可以搭设梯子，给予学生"学的支点"。《使至塞上》的教学重点是"意象与诗情"，设计主要问题"从诗中的意象里，我们可以窥见到作者哪些情思"。在此之前教师搭好了阶梯，让学生通过阅读和想象画出了诗的意象，构成了诗的整体画面。教师引导学生从绘画和语言两个角度进行鉴赏，学生有了形象思维，顺利进入了分析思维。学生重新发现文本，有了新的阅读眼光、新的文化视野，与诗有了情感碰撞，接下来智慧的火花被点燃了，精彩的课堂生成便成了这堂课的亮点。

在这堂课上，我从画家和佛家的视角解读诗人的情感，又以朗读、绘画、吟唱等多种富有创意的活动达成教学目标，设置支点让学生的思维层层升级，使得课堂跌宕起伏。值得注意的是，教师必须要有依托课程标准的具体教学目标及内容定位，在这个基础上再对教材内容进行创意处理，以富有创意的视角和策略，满足学生创意的发现和体悟。

三、发挥自身的特长

语文包罗万象，充满了感知和体验，多维而灵动，是一个多层面、多角度的学科。在教学实践中可以慢慢发现自己的优势，以自己独特的个性去构建课堂，只有教师拥有个性化的"教"，才有学生个性化的"学"。所以，在培养教学个性上，我们语文教师还得发挥自身的特长。

比如，我从来没有觉得中国画和语文课有什么关系，也没觉得自己的经历跟语文课有什么关系，但我不断地实践和体验后，觉得他们之间有密切的关系。将中国画融入语文课堂的创意，让我开拓了一节节与众不同的语文课，越来越发现绘画与语文有很大的关联。上《湖心亭看雪》《使至塞上》《天净沙·秋思》《荷花淀》等课文，我都喜欢把绘画融入课堂，"文与艺"的融合确实别有风味。因为擅长中国画，所以也喜欢把"色彩学"融入语文课堂，发现语文的另外一番天地，《背影》《荷花淀》《故乡》都是我的"色彩"课堂。每位老师各有所长，要善于发挥自身的特长。如果你的语言很有特色，可以在语言研究上下功夫，唤醒学生的言语意识；如果你的朗读很好，可以以"读"贯穿课堂；如果你对汉字很有研究，可以以"字"打开课堂的通道。我曾经听过一位老师以"酒"字的演变串讲陶渊明的《饮酒》，他就是发挥了自己在古代汉语方面的优势。当然，特长的发挥仍旧要依据文本，遵循教学规律，学科融合有必要，但一定要打造具有"语文味"的语文课。

语文是包容万物的，包括你的经历、生活、家庭、事业，还有生命中引起你疼痛的那些人和事……语文跟你的生活、你的生命都是息息相关的，你是怎样的一种生命状态，你的语文课就会呈现什么状态，慢慢地你就会发现语文课是你对生命细微的观察，对心灵的幽微解密，对成长的辩证思考。当语文教师凭借扎实的基本功，拥有独特的视角和洞察力，发挥自身的特长进行课堂教学时，终将找寻到属于自己的语文课堂。

画意偕诗意，意象具诗情

本课教学实践活动导入设计精巧实在，文本解读细致深入，活动策划丰富得当，充分体现授课教师深厚的学养，对诗词深刻的领悟，以及先进的语文教学理念。

一、导入设计精巧实在

导入环节是语文课堂教学的重要环节，精彩的导入设计可以牢牢抓住学生的魂儿，从而产生意想不到的教学效果。叶圣陶先生曾经说过："开头犹如一幕戏剧刚刚开幕的一刹那的情景，选择得当，足以奠定全幕的情调，笼罩全幕的空气，使人把纷乱的杂念放下。"

教师没有对作者进行花哨的介绍，而是以王维的四种身份导入，一下子将学生的兴趣激发出来。这节课的导入设计，其功能远不止于此，教师还通过它作为切入点来贯穿整个教学过程。上课伊始，就将这堂课的整体架构显示出来，足见其别具匠心。

二、文本解读细致深入

教师在解读诗歌时，抓住了根本，对诗歌语言进行咬文嚼字式的深度品析。如"大"字，突出了边疆沙漠的浩瀚无边。"孤"字，写出了景物的单调，使荒凉的大漠上烽火台燃起的那一股浓烟显得格外醒目。"直"字，又表现了烽烟的劲拔、坚毅之美。

另外，教师还着重引导学生从"意象""意脉"的角度进行研读。在老师的启发下，学生找出了诗中"单车""征蓬""归雁"等意象，分析出对应的情感，进而探寻诗歌的意脉："单车欲问边"，诗人内心悲愤；"征蓬出汉塞，归雁入胡天"，诗人顿感命运的漂泊，心境由此而悲凉；"大漠孤烟直，长河落日圆"，满目皆是雄浑的景色，诗人的心绪由悲愤、悲凉变得超然了；"萧关逢候骑，都护在燕然"，诗人任务完成，心情轻松，且于此处运用典故，以示欣喜与豪情。通过对意象的分析，把深层的意脉揭示出来，这种分析方法，极大地提升了学生阅读鉴赏诗歌的能力。

三、活动策划丰富得当

《使至塞上》是一首经典的诗词，具有丰富的意蕴，教师针对诗歌不同的赏析角度，设计出相应的学习活动，让学生在活动中体会和领悟王维独特的诗歌境界。

在"诗人与诗韵"的教学环节，设计出"读"的环节，教师范读，学生多次朗读，读出层次，读出诗歌的韵味。在"画意与诗意"的教学环节，设计出"画"的环节，教给学生品析诗歌的方法，既品出了新意，又品出了深度，用直观的画面调动学生的思维，文学与艺术相结合，提高了审美水平。在"意象与诗情"的教学环节，通过唱诵的方式，在韵律美中再现画面美，让学生感受意境美，体悟情感美。

总之，教师设计了丰富的活动，聚焦学生的认知核心和学习体验，契合语文学科的本质，提升了学生阅读和赏析诗歌的兴趣。

储强胜

中学语文高级教师、珠海市语文教研员、

北京师范大学（珠海校区）文学院硕士研究生实践导师

浅浅地教，慢慢地悟

　　古诗词教学是中小学语文教学中的重难点之一，一直以来，围绕着如何进行古诗词教学，不少专家、学者和教师提出了自己的看法。有的主张知人论世，以作者生活的时代、作者生平等资料建构教学，有的主张以美学观点支撑诗歌教学，还有的主张用吟诵、歌唱等方式进行诗歌教学，可谓各出奇招，花样繁多。陈志红老师的这堂《使至塞上》，却没有使用太多的复杂方法，而是用看似简单的方法进行教学，然而在这简单中，却体现了对作品精到的把握以及对学生年龄特点与认知能力的充分了解与尊重。

　　关于王维与他的《使至塞上》，可说的简直太多，作为盛唐最伟大的诗人之一，王维向来是古往今来无数诗歌评论家、历史研究家、美学家、画家甚至宗教学家眼中的热点人物，关于他的研究成果汗牛充栋，如恒河沙数，但是对于八年级的孩子来说，这些材料绝大部分都是不能直接使用的，因此教师首先面临的是材料的选择问题。很多阅读量大、学识深厚的教师很容易将古诗词课上成炫技课，讲台上滔滔不绝口若悬河，讲台下不知所云昏昏欲睡，这种课堂实在太多了。而陈志红老师的导入则体现了教师执教的干净利落、不枝不蔓：

　　导入：盛唐时代，有一位诗人——他工草隶，善画，精通音律，诗名享天下，他笃信佛教，人称"诗佛"，他就是山水田园诗人王维。他有多重身份——

　　诗人。他的诗以描绘山水田园和歌咏隐居生活为主，五律和五绝，语言精美。

　　画家。宋代苏轼称其"诗中有画，画中有诗"。

　　佛家。王维，字摩诘，信奉佛教，素有"诗佛"之称，诗中充满禅意的哲理。

　　隐士。晚年隐居，摆脱尘世繁杂，居处清幽宁静，诗作天才妙悟、神韵悠然。

　　今天，我们来学习王维的代表作《使至塞上》，感受其中的"诗情画意"，感悟王维多重身份在诗歌创作中的显现。

　　陈志红老师概括介绍了王维的多重身份，也让学生对王维有了大略的了解，但是并没有纠缠于王维复杂的性格和曲折的人生经历，而是将焦点直接对准了这节课最重要的目标：诗情画意。开门见山，重点明确。

　　紧接着，陈志红老师用吟诵的方法引导学生感受诗歌韵律与语言之美。朗诵是诗歌学习的重要方式之一，也是学习目标之一。陈志红老师借此让学生初步了解诗歌，建立起对诗歌的感性认识，这也是一般老师最常用的手法。可以说平平无奇，但是却必不可少。

　　而这节课最精彩的其实是下一个环节：诗中有画。

　　"画中有诗，诗中有画"是苏轼对王维画作和诗作的高度精确的评价，"诗中有画"也是作为画家和诗人的王维的诗歌的最大特点。对于八年级的学生来说，抓住这个特点其实就抓住了王维诗歌的魂，因此陈志红老师的这个设计是非常精妙的。但是如何体现王维诗歌"诗中有画"这一特点？教师用了一个非常巧妙的办法：让学生画出这首诗。

　　绘画在教育中的作用是非常重要的。苏霍姆林斯基说："我坚定地相信，儿童的图画是通往逻辑认识的道路上必不可少的阶梯，至于图画有助于发展对世界的审美观点，那就更不言而喻了。"

　　早在一年级，创造性就在儿童的绘画里占有重要的地位，孩子们在图画中编故事、画童话。图画成了施展创造性、想象力的源泉。我深信，在教学过程中开展的想象活动与儿童的言语之间有着直接的联系。

　　苏霍姆林斯基基至说："我觉得，离开了绘画，地理课、历史课、文学课、自然课就很难上。"

　　我国家庭教育的奠基人、民国时期著名学者陈鹤琴先生也说："画图是一件很有教育价值的游戏，小孩子可以因此发表他的思想又可以学到许多知识。……画图在教育上的价值很大，凡小孩子应有画图的机会。"

　　由此可见，绘画绝不是让孩子随便画画，而是一种在教育上具有非常重要地位的学习方式。绘画对于少年儿童来说不仅是认识世界、模仿世界的方式，更是他们思考与探索的手段。

钱钟书先生说："诗和画号称姊妹艺术，有人进一步认为它们不但是姊妹，而且是孪生姊妹。"

诗画同源是我国文化的一个悠久传统，宋代张舜民就曾说："诗是有声画，画是无声诗。"苏轼在评价王维的诗时更是说："味摩诘之诗，诗中有画；观摩诘之画，画中有诗。"的确，王维本身就是兼诗人、画家、音乐家于一身，看他的诗歌，无论是"大漠孤烟直，长河落日圆"，还是"明月松间照，清泉石上流"，哪首不是为我们描绘出一幅幅美丽的画卷呢？其实，不仅王维的诗如画，中国历史上很多著名的诗人，他们的很多诗歌都是一幅幅用文字描绘的美丽画卷：李白的"飞流直下三千尺，疑是银河落九天"，为我们描绘的是庐山瀑布的恢弘壮观；杜甫的"吴楚东南坼，乾坤日夜浮"，为我们展现的是洞庭湖的深沉浩淼；张九龄的"海上生明月，天涯共此时"，让我们看到一轮满月缓缓升起，天地融入这月光的清辉；杜牧的"远上寒山石径斜，白云生处有人家"，让我们领略了深秋山居的闲适，品尝了那一份浓浓的秋意。便是苏轼自己，他流传千古的"乱石穿空，惊涛拍岸，卷起千堆雪"又何尝不是一幅撼人心魄的壮丽画幅呢？

我国古代诗词以写景抒情为主，其中，抒情诗大多又是通过景物描写来抒发诗人内心感情，所谓融情于景、情景交融、一切景语皆情语就是这个意思。所以，古诗词画面感很强，可以说，大多数古代诗词都能够用绘画的方式在一定程度上表现出它的内容和含义。同时如前所说，画画又是小朋友最喜欢的认知世界的活动，将这两者结合起来，让孩子画唐诗宋词，本身就是孩子们根据诗歌并结合自己的理解和爱好进行的一次艺术再创造，这种方式不仅深受孩子们喜欢，更促进了他们对古诗词内容的理解，同时，也在一定程度上帮助他们进一步理解领略了诗歌的内涵。

陈志红老师对此显然很有同感，从她在课前让学生根据诗歌创作绘画这个设计就可以明显看出。在挑选出来的绘画作品中，我发现所有学生都明确了解了"大漠孤烟直，长河落日圆"的画面特点，不少学生在构图、着色上着力去渲染了苍凉孤寂而又震撼的大自然瑰丽图景。更难得的是，有几个学生甚至描绘出了出使的王维与"候骑"的对话，惟妙惟肖地表现出了"萧关逢候骑，都护在燕然"的诗意。这些作品不仅有了画面感，甚至有了情节，不仅是一幅静止的画面，甚至有点像一段有时间长度的视频甚至电影！这不能不让人感到惊讶！

值得注意的是，教师的板书设计很显然也与王维诗歌的"诗中有画"是相互呼应的。教师用简笔画勾勒出了塞外戈壁的落日与长河，落日下是远远的群山，而将教学要点排列在"长河"两边，粗犷豪放而又井然有序，教师用心细致如此，令人佩服。

课堂到此，剩下的可以说是水到渠成了。在吟诵、绘画的基础上，教师引导学生对诗歌的意境与感情进行更深入的学习与了解。不过对于这一点，我个人倒是认为此时学生是不大可能有深入内心的认识的，因为我们的学生大多生活在内地，除了新疆、内蒙古的孩子之外，很少有孩子能对"大漠孤烟直，长河落日圆"的景象有直观感受，即便是教师也不一定见过这种景象，但是这并不重要。当孩子们在学校学习了这首诗，了解了这首诗的意思之后，在他以后的生命中也许会有亲眼目睹大漠孤烟的机会，到那时候，儿时读过的诗重新浮现在脑海中，结合眼前的奇景，学生再一次进行学习，其实这就是将纸上的学习转化为生命历练。此时，已经长大的他头脑里想起的，除了曾经的老师在课堂上的讲授，相信还有此后他自己生命的历练与感悟，再与此时的感受结合在一起，到这时候，这堂《使至塞上》也许才算真正完成。

这也是我一直秉承的一个观点：教学首先要尊重学生的年龄和认知能力，不能将其变成教师的炫技，而应该从学生出发，根据学生来设计教学的方式与策略。有些时候，我们的教学在学者眼里可能有些浅，但是这浅恰恰是中小学教学必要的。

因为只有这时候我们浅浅地教，才有机会让孩子在以后慢慢地悟。

夏昆

中学语文高级教师、专栏作家、

央视《中国诗词大会》第一季擂主

课例二

"荷花与女性"
——《荷花淀》公开课教学设计

授课地点：北京师范大学（珠海）附属高级中学　授课教师：陈志红

教学目标

知识与能力：品味诗意的语言，分析人物形象，提高鉴赏能力。

过程与方法：用活动激趣、任务驱动、点拨法激励学生自主合作探究，阅读文学作品时有自己的理解和感悟。

情感态度与价值观：引导学生感受战火硝烟中的夫妻之情、家国之爱，体悟人物身上纯美的人性和崇高品质，契合新时代的家国情怀。

教学重难点

重点：引导学生探究人物形象，理解普通女性的家国情怀。

难点：品悟诗意的写法，理解虚化人物的深意。

教学策略和信息化手段

教学策略：埃德加·富尔曾说，"未来的文盲，不再是不识字的人，而是没有学会怎样学习的人"。本着"以学定教"的教学理念，用《感动中国》剧组拍摄的活动激趣，调动学生的积极性；用拍摄镜头、绘制画像、写颁奖词等活动形成任务驱动，让学生自主学习，合作探究，完成鉴赏小说人物形象的教学目标。

信息化手段：课前，班级微信群观看《感动中国》视频，阅读"读来读往教书人"微信公众号，了解《荷花淀》的艺术特色；课中，用希沃授课助手同屏展示学生表演，用微课展示"绘制画像"；课后，微信小打卡上传作业。

【教学特色】

根据学生擅长利用手机资源的优势，用《感动中国》拍摄的活动贯穿整个教学过程，以一群普通女性的家国情怀作为主线，引导学生通过揣摩细节，表演体验以及绘制画像分析人物形象，在此过程中领悟"虚化人物"的诗意写法。

【教学活动】

活动一：情境创设，品味鉴赏

（一）前情回顾，激趣导入

PPT 出示——孙犁自己说："我喜爱写欢乐的东西。我以为女人比男人更乐观，而人生的悲欢离合，总是与她们有关，所以常常以崇拜的心情写到她们。"

导入：诗化的景、淡化的情节已让我们感受到一个作家的诗情画意，其实孙犁也用诗意的笔致描写了那里的人们，特别是女人们。抗日战争胜利 73 周年时，《感动中国》节目组别出心裁，进行历史探寻，为《荷花淀》里的女人们拍摄了几组镜头，展现她们独特的女性美。让我们跟随拍摄镜头，走近她们吧。

（二）品味语言，鉴赏形象

品味环境的诗意美：

（1）研读："月下编席"。

（2）任务：节目组要拍摄一组白洋淀风光的镜头作为节目的开头，你会拍摄哪些元素？（提示：阅读写景片段，注意上节课讲到的人物、情节、环境之间的关系。）

（3）拍摄：诗化的景衬托水生嫂的形象，拍摄皎洁的月光、洁白的苇席、银白的湖水、淡淡的薄雾，水生嫂就在这样诗意般的情景中出场。镜头中的水生嫂编着芦席，周围是一大片洁白的芦苇。可以配乐《春江花月夜》。

（4）朗读：描述镜头—朗读—引导。

教师改变句子格式，引导学生品味诗的语言，生齐读。

月亮 / 升起来 / 院子里 / 凉爽得很 / 干净得很 /

白天 / 破好的 / 苇眉子 / 湿润润的 / 正好编席 / 女人 /

坐在 / 小院当中 / 手指上 / 缠绞着 / 柔滑修长的 / 眉子 /

苇眉子 / 又薄又细 / 在她怀里 / 跳跃着

（设计意图：回顾所学，深入理解小说三要素之间的关系，激起学生学习的兴趣，为下面的教学环节作铺垫。）

过渡：这么美的景，这么美好的人儿，当侵略者入侵时，这里的人们是怎么做的呢？

活动二：情境表演，探析体验

探析人物的人性美：

（1）研读："夫妻话别"和"商议探夫"。

（2）任务：为了拍摄几组女人们的镜头，需要你们来表演，你们会如何演绎？

（3）引导：画出人物的语言描写、动作描写，品味人物形象。

（4）合作：学生小组合作，对自己表演的角色仔细揣摩。

讨论明确：四个青年妇女都没有露面，但闻其声，便可见其人，或伶俐乖巧，或质朴憨厚，或忸怩羞涩，无不跃然纸上，性格各异，但对丈夫的牵挂是相同的。助夫歼敌后并不退缩，反而更加无畏，更加勇敢。

（5）表演：学生表演"夫妻话别""商议探夫"的情节。指导学生注重语气、语调的表达，体会人物内心，感受不同性格不同的语言特点。着重演绎她们对丈夫的不舍，以及助夫歼敌后的坚定、勇敢、无畏、机智。

（设计意图：此环节的设计，先用活动激起学生参与的积极性，活跃了课堂气氛，引导学生自主探究，形成任务驱动。引导学生揣摩细节，鉴赏人物形象，有了对人物性格的感知，再进行表演体验，深入理解人物形象。）

师生小结：

水生嫂与丈夫面对"生离死别"所激发出的那份感人的夫妻之情、那份舍小家保大家的崇高，将人性美展现了出来。

四个青年妇女也都是普通的农村妇女，内心都对丈夫无比牵挂，但是都能支持各自的丈夫抗战杀敌，保卫家乡，并且最后都成长为抗日部队的主要成员。普通女子的个人情思在特殊的背景下演变成爱家乡、爱国家的家国情怀。

活动三：情境绘像，个性解读

绘制人物的形象美：

（1）任务：大家发现没有，对这一群美好的妇女都没有外貌描写，连名字都没有，你能用小说中的语言、动作等细节勾勒出她们的形象吗？作者有何深意？

（2）绘像：或勾画，或白描，画出她们的形象，进行个性化的解读。（希沃授课助手投影展示）

（3）探究：虚化的人物与诗化的景物有何关系？

师生小结：

虚化的人物。孙犁的人物刻画省去了人物的轮廓，更省去了人物的五官和服饰，甚至连人名都省去了。用一些近似散漫却又所指很强的对话来勾勒人物，从而给读者留下许多再造性极强的飞白。她们是底层的，却是高尚的；她们是落后的，却是进步的；她们是传统的，却是新潮的；她们是自私的，却又是有使命感的。她们继承了传统的美德，又有新时代的女性特点，是作者理想中的诗化形象，与诗化的环境融为一体。

省去的人名。作者更多想表现的是一类人，一类像白洋淀青年妇女这样的人。由个性到共性：她们勤劳、善良、勇敢、机智、进步、识大体，就是中国传统的美好的妇女形象；她们有着普通女性的夫妻情爱，同时也具有崇高的家国情怀，是作者理想中的妇女形象。淡化人物使其整体融入作品纯美的诗情画意当中。

（设计意图：发挥学生的艺术特长，用绘画进行人物的个性化解读，在创作过程中理解作者虚化人物的深意。由知识本位向发展本位转移。）

活动四：情境模拟，书写心灵

书写人物的心灵美：

（1）颁奖词：用《感动中国》式的语言为她们写群体颁奖词，或模仿《荷花淀》诗意的语言写群体颁奖词。

（2）示例：你们，是白洋淀的精魂，虽普通却崇高，虽平凡却伟大，巾帼不让须眉。你们，如芦苇般坚韧，似荷花般美丽。你们，亭亭玉立，香远益清。

布置作业，拓展延伸：

（1）在微信小打卡上继续完成颁奖词的创作。

（2）格式：绘制画像（图片）+颁奖词。

板书设计：

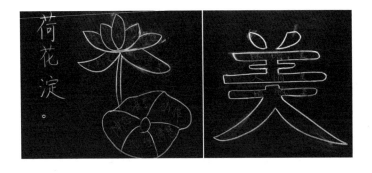

（**设计意图**：板书设计相当于微型教案，简笔画与语言文字的结合让学生有新鲜感，重点突出，又给学生直观的印象，使其记忆深刻，也具有美感和诗意。）

教学反思

让学生走进属于自己的角色

最近参加普通高中新教材网络培训，发现《荷花淀》编入高二选择性必修中册第二单元，这一单元以革命文化为主题，"欣赏作家塑造艺术形象的深刻功力和富有个性的创作风格"是这个单元的一个重要教学目标。《荷花淀》不同于一般的革命文学，是"诗体小说"的代表作，孙犁用充满诗意的笔致塑造了一群独具魅力的女性形象，展现了一群普通女性的家国情怀。这样独特的写作笔法是鉴赏个性创作风格的好材料，也是引领学生进行个性化解读的好契机。琢磨着新教材的培训内容，回想自己上《荷花淀》的情形，回看了当时的公开课视频和教学设计，有了新的发现，那就是教师和学生在课堂上的角色定位值得我们再次深入思考。

《荷花淀》这堂课用《感动中国》拍摄活动贯穿整个教学过程，以一群普通女性的家国情怀作为主线，引导学生通过揣摩细节、表演体验以及绘制画像探析人物形象，在此过程中了解"虚化人物"的诗意写法。在教学过程中，以活动教学为主线，让学生在情境活动中走进属于自己的角色。

一、以导演的角色发挥主动性

《荷花淀》是一篇小说，如果按照小说三要素的传统讲解，必定不能激起学生的兴趣，课堂可能成为教师"一言堂"。于是就通过研读—拍摄—朗读—展示的形式让学生根据小说内容，依据小说三要素，以导演的角色进入文本，在课堂中充分发挥学生的主动性。当教师引导学生以导演的角色去研读文本时，学生是带着任务重新阅读文本内容的，在这个过程中教师要教会学生阅读筛选的方法，除了提供明确的阅读内容外，还要提示学生从人物、情节、环境整体考虑要拍摄的镜头。

这时课堂是体现层级性的，教师要充分考虑各个层面学生的学习状况，避免出现优秀学生"客串"整节课的情形。语文素质较好的学生发现文本、筛选文本、创造性使用文本的能力在活动中表现明显，他们精彩的言论会激活思维，带给在场师生思索的空间。但在教学预设时，不能只考虑所谓"高层次"的学生，还要设计能够调动大部分学生参与的活动。比如，朗读相关片段，有的学生即便说不出具有美妙意境的镜头，但在朗读中也能有所体会。这里的朗读，教师改变句子格式，以诗的格式感知诗意的语言。学生朗读入情入境，我当时临时兴起问学生："如果你是导演，会用什么色调来渲染景物？"学生的回答有理有据，各具特色。

生：粉白色，如荷花般的颜色，代表女性的温柔和安静。

生：银灰色，已是夜晚，繁星点点，铺垫宁静的夜有不宁静的事发生。

生：粉红色，表现女性的独立和柔和，比如默默地支持丈夫的工作。

生：水红色，代表女性的勇敢和智慧。

生：银白色，这么美好宁静的环境，怎能让战争的硝烟破坏呢？

……

在这个环节中，学生以不同层次的感知、表达能力发挥了各自的主动性，大部分学生成为课堂的主要角色，为下面的学习环节作好了铺垫。

二、以演员的角色展现主体性

语文课上，教师要引导学生进行体验阅读。所以，在这堂课上让学生表演"夫妻话别"和"商议探夫"，以演员的角色充分发挥学生作为文本接受者的主体性，使学生主动地去接近文本。情境表演环节的设计，先用活动激起学生参与的积极性，引导学生自主探究，然后明确如何操作，引导学生揣摩细节、鉴赏人物形象，有了对人物形象的感知，再进行表演体验，深入理解人物形象。学生在作为主体参与体验时，进行的是创造性的活动，群体创作、个体体验、个性感悟，每个学生在活动中都有适合自己的角色。语文课程标准也指出："学生是学习和发展的主体，要充分激发学生的主动意识和进取精神，积极倡导自主合作探究的学习方式，把学习的主动权交给学生。"语文教学不仅仅是灌输，更多的是学生的一种体验、探究和感悟。

需要提醒的是，语文课堂所有的活动应当为教学目标服务，不能为了活动而活动，为了活跃课堂气氛舍弃了语文要素，那是"舍本逐末"。在表演体验前，学生在教师的指导下画出人物的语言描写、动作描写，在此基础上感悟人物的心理变化，品味人物形象。学生的学习过程不仅仅是为了获得学习结果，更要自己掌握学习方法，锻炼思维，慢慢地培养终身学习的能力。拥有创造性思维的学习者，才是他们日后的重要角色。

三、以画家的角色体现独特性

教师在设计问题时，不仅要探究文本的主旨，还要思考如何能激活学生的思维，要以学生的角色思考问题的答案，预设学生会想到什么，想到什么层次，从而把握住学生的"脉搏"。课堂还要提供多重平台，搭设阶梯，让学生可以围绕教学目标自主选择喜欢的学习方法，形成个性化的感悟，体现其独特性。

在备课时，着重思考如何让学生领悟"诗意"小说的写法，研读小说时让学生发现这一群美好的妇女都没有外貌描写，甚至连名字都没有，这是再造性极强的"飞白"。于是在设计活动和问题时，让学生从语言、动作等细节中勾勒出她们的形象，同时思考省去外貌和名字有何深意。这个问题有点难度，我利用学生的绘画特长，用绘画进行人物的个性化解读，从直观到微观，在创作过程中理解作者虚化人物的深意。不过，我最初的想法是想用我擅长的水墨画和中国画绘制，那更能体现意境，只是学生大多不会，但他们简单的几笔勾画倒也神似。于是，尊重学生的选择，课前让学生根据所指很强的对话勾勒人物，课堂上他们以画家的角色体现了各自的特色，以自己独特的视角思考问题。

在这个环节中，我有了一个重大发现，那就是在描述拍摄镜头时，语言表达能力不强的学生绘画能力很出色，而且有了自己独特的理解。"她们代表的不是个体，而是一类人""是作者理想中的诗化形象，与诗化的环境融为一体""她们诗意般的存在激起人们更加强烈的反抗意识"……这些精彩的领悟说明，不需要教师"独白式"的讲授，课堂就已成为学生展示的舞台，教学就已成为师生思想碰撞和心灵交融的过程。师生转变角色，教师成为引领者，成为学习的伙伴，双向互动，学生是课堂的主体，教师顺应学生的天性，发挥他们的特长，让学生走进属于自己的角色，成为他们自己。

四、以诗人的角色激发创造性

在最后的环节，让学生用诗意的语言为人物写颁奖词，从言语表达到文字创作，是言语意识不断升级的过程。我们的语文课堂应是张扬个性和共享知识的过程，为此，教师要鼓励学生多视角、多层面、多角度地学习语文。品味诗意的语言也是这节课的教学目标，鼓励学生以诗人的角色创作颁奖词，虽然学生的创作达不到很高的水平，但都是他们自己的体验和感受。梭罗说："你知道自己的能量有限且不完美，但是你也相信你是无与伦比的。"教师最需要做的可能是唤醒学生的潜能，让他们有展示自己的机会和自信，使得各个层次的学生都能够拥有适合自己的角色，从而获得学习上的成就感。或许就是某一堂课中的某一个小小的角色，开启了学生幽闭的心智，成为他们职业生涯的触发点。

"教育的本质是唤醒，是开发你的内心。"我们在设计教学时是朝着这个目标去思考的，但课堂教学的复杂性、不确定性以及有限性，会让教师更多地考虑教学策略而忽略了为学生提供更多思考的时间和空间。所以，我们需要搭设各种平台，随时提供一把好的梯子，让学生去体验、去探究、去发现、去找到课堂上属于自己的角色，在日后的职业生涯中成为独一无二的自己。

在课堂活动中展现女性独特的美

陈老师执教的《荷花淀》，让人眼前一亮。她别出心裁，以《感动中国》的拍摄活动激趣，引导学生走进文本，巧妙抓住几个特写镜头，展现出白洋淀女人们的群像，让人感受到普通女性散发出的独特魅力。

本节课的教学设计很精妙。陈老师对学情的把握很到位，上课前对学情有了较多的分析。学生的文化课基础不是很好，但大多数学生思维开阔，开朗健谈，喜欢开展活动，擅长开发手机资源，艺术天分高。因此，她选择了采用《感动中国》剧组拍摄活动来组织课堂，层层递进，螺旋式上升：第一环节"品"，是铺垫，营造"美"的氛围；第二环节"析"，是引入，切近"美"的体验；第三环节"绘"，是推进，展示"美"的外形；第四环节"写"，是点睛，深入"美"的内涵。四个环节环环相扣，完成鉴赏小说人物形象的教学目标，落实到了学生语文能力的提升上。

陈老师的课堂充满了感性。课堂伊始，陈老师引导同学们去寻找白洋淀的自然美，并选择了水生嫂"月下编席"作为示例，在皎洁的月光、洁白的苇席、银白的湖水、淡淡的薄雾中，水生嫂出场了！这是多么富有诗意的场面！为了让同学们进一步加深对美的感知，她让同学们制作出富有诗意的视频，在配乐朗读中走进荷花淀，感受美、体验美！在这样一幅唯美的画面中，哪里能找到一点战争的影子？

陈老师的课堂又是理性的。她带领学生从女性的视角细细地赏析女人们展示出来的人性之美。这样的自主式探究，激发了学生的参与热情，激活了学生的思维，让同学们领略到了白洋淀的女性丰富而又复杂的内心世界，为加深对人物形象的理解，陈老师还让同学们进行表演体验。读中分析、演中体验，同学们在理性思考中体会普通女性的个人情思和家国情怀。

陈老师的课堂是灵动的。以水生嫂为代表的四位女性是虚化的人物，不见其身形，没有其姓名，连基本的轮廓都没有，怎样才能让同学们理解人物形象的特点呢？陈老师想到了她的学生有着艺术特长，可以用绘画来展示，在创作中理解作者虚化人物的深意，这样的解读很独特，这样的挖掘很精彩，将虚化的人物与诗意的环境融为一体，体现了教师良好的学科素养。可以说，这就是对文本的创造性解读，学生在绘画创作过程中，思维是灵动的，尽管呈现的人物形貌各异，但其精神实质是相同的。正因为陈老师对同学们有足够的了解，才有了这样的神来之笔，让学生的学习深度得到拓展，也以此为契机逐步提高了学生的审美鉴赏能力和创造能力！

语文教育的本质是语用，陈老师在最后的环节让同学模仿《荷花淀》诗意的语言写颁奖词，既达到了语言运用的目的，也对白洋淀女性进行了高度赞美，升华了文章主旨。课后的微信打卡作业设计更是对本课的延伸及对教学目标的巩固。

陈老师的课堂，感性与理性融合、简约与灵动并存，有多视角的整合、多维度的体验、多方位的收获，美不胜收！陈老师在课堂教学中也展现了其女性独特的美！

做陈老师的学生，一定很幸福！

金培中
中学语文高级教师、珠海市名师工作室主持人，
珠海市金海岸中学

兼具"动感"和"美感"的语文课

《荷花淀》是孙犁最具代表性的小说之一。该小说多年前曾入选教材，堪

称一篇经典课文，现在重新进入高中新教材。我上过该课文，也看过一些优秀教师的教案或教学设计，不同教师的教法五花八门，精彩纷呈。但陈志红老师以"情境表演活动课"的形式呈现出来的教学设计，还是很让我耳目一新。

高中学生对语文课"颇不感冒"，由来久矣，个中原因多多，而一成不变的课堂教学方式是主要因素。长期以来，多数课堂还是以灌输知识为主，从内容到形式，无不封闭狭隘、陈旧乏味；有的课堂教学又走向另一极端，课上得热热闹闹、花团锦簇，却空洞无物，学生所得寥寥。陈老师这节语文活动课，弥补了上述两类课堂的不足，兼具"动感""美感"和"语感"。

作为语文活动课，无论如何"活"、怎样"动"，其本质仍是语文课。一堂好的语文课，我以为起码应具备三方面要素：目标明确，能让学生"动起来"，且必须具有语文味。

本节课，陈老师的教学目标清晰：（1）探究人物形象，体悟人物身上纯美的人性和崇高的精神。（2）理解虚化人物的深意，领悟作者诗意的写法。其教学目标和语文课程标准中"要让学生在语言文字运用的学习中受到美的熏陶，培养自觉的审美意识和高尚的审美情趣"的要求是吻合的，和教材中的单元研习任务也是一致的。

为达成教学目标，陈老师采用情境表演的课堂形式，让全体学生"动起来"。成功的情境性课堂，需要教师用心去营造情境、渲染氛围，激起学生的兴趣，引发学生的参与欲望，不断增强每个学生的个体体验和自主学习意识，通过有趣又有效的合作探究，一步步实现教学目标。这节课一开始，就把学生带入一个美的世界，陈老师给学生设计了这样一个牵动人心的情境和活动项目：抗日战争胜利73周年时，《感动中国》节目组别出心裁，进行历史探寻，为《荷花淀》里的女人们拍摄几组镜头，展现她们独特的女性美。接着，她把拍摄活动再细化为四个教学活动环节——拍四组镜头。

第一环节：节目组要拍摄一组白洋淀风光的镜头作为节目的开头，你会拍摄哪些元素？

第二环节：为了拍摄几组女人们的镜头，需要你们的表演，你们会如何演绎？

第三环节：对这一群美好的妇女都没有外貌描写，连名字都没有，你能用小说中的语言、动作等细节勾勒出她们的形象吗？作者有何深意？

第四环节：用《感动中国》式的语言为她们写群体颁奖词。

四个教学环节，以《感动中国》拍摄镜头这一特定的情境活动为主线，从开头的情境创设（拍摄风光镜头），到情境表演（感悟体验），再到情境绘像（画出人物），最后到情境模拟（写颁奖词），层层递进，环环相扣，充分调动了学生的积极性，让他们真正"动"起来：既有动脑，如第一环节，学生思考选拍哪些景物作为节目的开头；又有动口，如第二环节，在镜头下，按各自的理解，表演几个女人的谈话和动作；还要动笔，如第四环节，为女人们写群体颁奖词。课堂上——尤其是语文课堂上，学生只有真正"动起来"了，成为课堂的"主角"，成为学习和发展的主人，才能在自主、合作、探究中真正获取知识、获得发展。这样的课堂，才是有效、有活力的课堂。所以，任何一堂好课的诞生，都离不开教师精心的课堂设计，这种自觉的"设计意识"，是一个教师走向专业成熟的必经之路。

再说说这堂课的"语文味"。不少语文课，上着上着，就变了"味"，不再是语文课，而像"说教课"或者"表演课"。语文课演变成"说教课"的现象，早在20世纪五六十年代，叶圣陶先生就批评过。近两三年，此风又有抬头之势，令人警惕。至于"表演课"，在当下教学中也屡见不鲜，早已为人所诟病。当然，我并不是否定所有课堂上的"表演"元素，而是说，不要让"表演"活动代替了真实的语文学习，即学生的语言实践活动，其中就包括了最基本的听、说、读、写训练。反观陈老师的这堂课，设计得就比较有"语文味"，能在一系列"表演活动"中，融进听、说、读、写训练，如针对《荷花淀》第一段的写景句子，陈老师颇有创意地改变了原句的排列方式，变成分行的"诗歌体"，让学生齐读，咀嚼小说语言独特的诗意美。又如教学环节二，通过引导学生画出小说中人物的语言描写、动作描写，从中细品人物形象，进而探析人物的人性美。最后一个教学环节，引导学生模仿《荷花淀》诗性的语言给女人们写颁奖词等。通过这些散发着"语文芳香"的教学活动，学生不仅获得了语言知识与语言能力，并且提升了审美鉴赏与创造能力。

当然，并没有完美的语文课，这堂课有些地方仍值得商榷。比如，第三个活动中的"个性化解读"环节，教师让学生"用绘画的形式"加以阐释，我以为表现的形式单一了些，无法兼顾全体学生。甚至，把"个性化解读"放在这篇文章里，似乎也有些生硬——不是每部文学作品都需要进行"个性化解读"，"个性化解读"也不是个体、部分的解读。可以立足文本，提倡学生以多种形式进入文本，进行自己的解读，教师在此过程中引导、修正，尽量兼顾不同层次的学生。从语言的角度走进文本，细细地品，慢慢地悟，才能回归语文的本真。另外，学生在表演了女人们送别和寻夫的场面之后，如果能加上学生的互评和教师的点评，教学效果会更好，师生互动、生生互动方显语文课堂的"动感"活力。

陈志红老师的这节活动课，能立足课文，围绕课文的主题和教学目标，探索新的教学方式，以活动贯穿整个教学过程，并设计出"富有美感的课堂实践活动"（余映潮语），激发了学生的学习兴趣和潜能，呈现出一堂兼具"动感"和"美感"的魅力语文课。

王木春

福建省中学语文特级教师、全国优秀教师

图书在版编目（CIP）数据

公开课：炼就与生成／陈志红著. —上海：华东师范大学出版社，2022
ISBN 978-7-5760-2902-4

Ⅰ.①公… Ⅱ.①陈… Ⅲ.①课堂教学—教学研究—中小学 Ⅳ.① G632.421

中国版本图书馆 CIP 数据核字（2022）第 099018 号

大夏书系·语文之道

公开课：炼就与生成

著　　者　陈志红
策划编辑　李永梅
责任编辑　韩贝多
责任校对　杨　坤
装帧设计　奇文云海·设计顾问

出版发行　华东师范大学出版社
社　　址　上海市中山北路 3663 号　　邮编　200062
网　　址　www.ecnupress.com.cn
电　　话　021-60821666　　行政传真　021-62572105
客服电话　021-62865537
邮购电话　021-62869887　　地址　上海市中山北路 3663 号华东师范大学校内先锋路口
网　　店　http：//hdsdcbs.tmall.com/

印　刷　者　北京密兴印刷有限公司
开　　本　700×1000　16 开
插　　页　1
印　　张　14.5
字　　数　221 千字
版　　次　2022 年 8 月第一版
印　　次　2022 年 8 月第一次
印　　数　6 100
书　　号　ISBN 978-7-5760-2902-4
定　　价　55.00 元

出 版 人　王　焰

（如发现本版图书有印订质量问题，请寄回本社市场部调换或电话 021-62865537 联系）